古代世界的對話

全球文明互動史

GLOBAL ANCIENT CIVILIZATIONS

從亞洲到美洲、從古埃及到羅馬帝國，追尋人類文明的足跡

從華夏到羅馬，從非洲到印第安，深入探索全球古文明！
回望人類歷史，揭祕古文明互動，重現輝煌及智慧結晶

——這是一場跨時空的對話，
穿越了數千年的文明史！

陳深名——著

目錄

前言

源遠流長的亞洲文明

華夏文明的源起 10
印度河流域的神祕文字 18
史前藝術的發掘 23
印度河流域的燦爛文化 32
等級森嚴的印度種姓制度 39
古巴比倫的婚姻習俗 46

摩亨佐．達羅文化遺址之謎 52
哈拉帕文明的祕密 58
兩河流域的泥板文書 62
美索不達米亞的生活方式 69
日本的書法起源於何時 75
曾經繁盛一時的西臺文明 81

神祕的非洲文明

曾經高度先進的古埃及天文學 90
薩索里文字之謎 96
世間偉大的建築 99
古埃及文學的發展 107
迦太基古城文明遺址 112
阿克蘇姆文明遺址 119

目錄

西非文明的源頭貝南 126

高度先進的美洲文明

誰是印第安人的祖先 134
印第安人獨特的習俗 141
查文文明 150
古老悠久的奧爾梅克文明 156
神祕的馬雅文明 164
探索中美洲的圖畫文字 172
特奧蒂瓦坎的成就 177
輝煌一時的阿茲特克文明 183
燦爛耀眼的印加文明 190

成就輝煌的歐洲文明

最早的文字起源於歐洲嗎 198

愛琴海邊的愛琴文明 204
古希臘的興起與消亡 212
魅力四射的希臘文學 218
希臘文明中的建築特色 228
古希臘哲學的輝煌成就 233
古羅馬文明的興衰 239
古羅馬的文學概況 247
古羅馬的繪畫藝術 256
古羅馬的教育狀況 262
影響深遠的羅馬法 270
有關耶穌的傳說 285
歐洲的文藝復興 291

前言

人類從無知的蒙昧時期，發展到今天高度先進的文明時代，每一個文明的足跡都蘊含著艱苦的努力與付出。西元前三十五世紀至西元前四世紀，蘇美人在西亞率先創造了一個高度先進的城邦文明；閃族人統一兩河流域後，巴比倫王國又創造了更加輝煌的文明；而波斯大帝國則締造了橫跨亞、非、歐的龐大帝國；勤勞的埃及人在尼羅河畔創造出一個偉大法老世界的高度文明；在愛琴海，古希臘文明後起而勃發，創造了古代民主文明的巔峰及燦爛的哲學和科學；在恆河和印度河哺育的河谷文化神祕消失後，雅利安人來到這裡又開創了吠陀文明……

文明，時刻都帶有一種強烈的浪漫意味。它們以飽經風霜的面容向世人展示著曾經的故事：戰爭、信仰、權力、財富、愛恨情仇交織演繹的歷史記憶，以及散落在荒草間的片片瓦礫、夕陽西下的斷壁殘垣……這些給予我們的，不僅僅是某種深刻的感嘆，還有啟迪和鼓舞，激勵我們重新探索和創造的勇氣。

本書從亞洲、非洲、美洲和歐洲文明分別入手，以考古學家、歷史學家和其他科學家的研究探索為基礎，與讀者們一起尋找失落的古代文明，探索過去的世界。詳盡的史料、生動的語言，不僅能讓讀者深刻看到在歷史長河中漸漸失落的文明，還能滿足讀者對追尋人類曾經生活的心理需求和親近歷史的情感需求。如同那首日本膾炙人口的俳句「在盛唐時候，漫步於夜晚的長安市」所描繪的那樣，在本書中，讀者也可以漫步於多彩多姿的古代文明遺跡之中……

為了讓文中內容更加豐富多彩，在文中每一節的後面，我們還特意設計了一些小知識，多角度解讀、展現古代各個文明，真實再現了人類在各個歷史發展階段所取得的輝煌成就，從而滿足讀者的好奇心和探索欲望，帶領讀者在林立的世界文明奇蹟中做一次極具文化意味的旅行。

源遠流長的亞洲文明

華夏文明的源起

通常來說，華夏文明的源頭有三個，即黃河文明、長江文明和北方草原文明，而中華文明是三種區域文明交流、融合、昇華的燦爛果實。

在中國漢語解釋中，「華夏」一詞中的「華」，本義有服章之美；而「夏」則為禮儀之大之意。「華夏」一詞最早見於《尚書．周書．武成》中：「華夏蠻貊，罔不率俾」。

由此可見，古人大多都以服飾的華美為「華」；以疆界的廣闊與文化繁榮、文明道德興盛為「夏」。從「華夏」兩個字的字面意思來說，「華」字有美麗、華美的意思，而「夏」字有廣大、盛大的意思，因此，「華夏」的本義便是文明的含義。

華夏文明的最先發端地

傳統的歷史觀點認為，中華民族應該是起源於黃河的中下游，然後才逐漸擴散到各個邊疆，並產生了諸多邊裔民族。與這一區域相對應的，則是炎帝和黃帝兩個較大的部落集團，從這裡也可以追溯到氐羌與華夏的起源。史學專家認為，炎、黃兩個集團起源的方位都比較接近，不管從文化還是從地理因素來分析，這兩個較大的集團都是屬於有著共同起源和共同文化特點的親緣集團。

研究認為，在黃帝集團的出現及發展過程中，陝北是最為重要的地區之一。相傳，黃帝死後就葬在橋山，他的陵園所在也表明了陝北在黃帝集團發展中的重要位置。黃帝集團另一個最重要活動地區，便是燕山地區。這一集團一般認為從陝北向燕山地區遷徙的證據，如今也已得到了考古學的印證。

以仰韶文化為代表的中原文化，通常認為從渭水下游越過黃河後，又沿著汾河和桑乾河北上，並與燕山以北的紅山文化在桑乾河及汾河發源的河北張家口等地區匯合在一起。這兩種文化的碰撞與交流，便促進了華夏文明曙光的出現。

說完了黃帝，我們再來說說炎帝。炎帝也被稱作赤帝，是炎帝部落集團共同奉祀的天帝，也是這一集團的大酋長襲用的稱號。史學研究人員認為，炎帝集團起源的地點應該位於陝西境內的渭水上游，以及秦嶺以南的漢水上源等地，而後又不斷遷移，分散全國各地。

現在研究人員認為，炎帝的後裔通常包括姜姓諸夏及姜姓之戎，另外還包括氐羌，後來發展為共工、四嶽和氐羌三大支系。

共工又分為共工和鯀。共工是在今豫東及冀南等地區發展起來的，而鯀則發展於崇山（今嵩山）地區，並在豫晉接壤等地區先進。因此，鯀被後人認為是黃帝集團的一支系。

四岳的後裔主要包括申、呂、齊、許等國。申位於今河南省的南陽；呂原則在陝西地區，後來又遷到了南陽；齊是在山東地區；許則屬於今河南省許昌市。

氐羌就屬於比較複雜的一支支系了，一直都處於西北農牧等交錯地帶。

長江中下游的兩個文化區

一般來說，長江中游是以江漢平原為中心，向南包括洞庭湖，向西包括三峽、川東（今渝東地區），向北則到達豫南與黃河中游等地，屬於一個自成體系的考古學文化區。

傳說中，這個區域有三苗文化遺存。在屈家嶺文化最繁盛的時期，向北影響著丹江和漢水中游，並直抵伏牛山麓，從而讓那裡的原始文化從以原始元素為主，逐漸轉化成為以屈家嶺元素為主。

在洞庭湖和鄱陽湖兩個湖泊之間地帶，以及江西修水一帶由於不夠清楚，因此無法得知他們發跡於何時。不過直到屈家嶺階段，長江中游的原始文化基本已經與嶺南的石峽文化相互結合。在西元前三千年前後，這個文化體系逐漸先進到了一個新的階段，文化面貌也出現了急劇的變化，並可能進入到了銅石並用的階段，與黃河中下游的龍山文化階段等文明出現了更多的接觸。

從對長江中游史前文明的分析來看，屈家嶺文化、石家河文化等，都帶有明確的北方文明元素。因此學者們也將它們稱為「北方系統的考古學文化」。

上述內容為長江中游的文化特點，長江下游則是以太湖平原為中心，南到杭州灣等地，北部則以寧鎮地區為核心，包括蘇、皖等接壤地區，屬於自有淵源、新石器時代的考古學文化序列完整的文化區系。

這個地區可以分為三個比較明顯的中心，分別為杭州灣寧紹地區、太湖周圍及蘇杭地區，以及以南京為核心的蘇皖接壤區。這一片地區的文化也有自己特點，比如稻作農業、干欄式建築等。尤其是在良渚文化中出現的成套禮玉、高壇建築和規劃嚴整的聚落等，都是華夏文明的重要組成部分。所有的這些，都表明此時已開始進入一個充滿等級的禮制社會。

良渚文化明顯影響到了南北各地。在魯南、蘇北一帶的大汶口及龍山文化當中，都包含有許多良渚文化的元素。相反，良渚文化也受大汶口、龍山文化的諸多影響。這些年來，有關良渚玉器符號以及大汶口文化符號的探討，都已表明了這兩種文化之間的密切關係。

北方草原文化區

在中國的東北北部、阿拉善平原、蒙古高原以及塔里木盆地東緣等部分地區，都普遍分布著以細石器為代表的考古遺跡。從這些遺跡中發現，陶器和磨製石器在這裡始終沒有得到發展。在黃河和長江流域的農業已相當先進時，這裡仍是以採集、狩獵為主的經濟形態。

事實上，至少在幾萬年以前的舊石器時代末期，華北地區就已經出現了典型的細石器。在中石器（細石器）時代的遺址，如山東沂源的鳳凰嶺、河南許昌的靈井，以及陝西的沙苑、內蒙古的扎賚諾爾等地，細石器的發展都比較迅速。此後，隨著農業的不斷發展，黃河流域附近的細石器逐漸消失了，只在紅山文化及長城沿線等地區有所保留。在北方和西部草原等地區，細石器逐漸延續到金屬使用的後期，這說明細石器在游牧地區和漁獵地區盛行的時間比較長，而且與華北地區有著密切的關係。但是，在蒙古草原和新疆等地，由於細石器的遺存多暴露在沙丘之下，因此保存極其困難。

華夏文化的逐漸統一

透過分析可知，華夏文明的發展呈現東西兩大部和南北三帶相互依存、相互補充的特點。

所謂的東西兩大部，是指面向海洋的濕潤東南部農業區，以及背靠歐亞大陸的乾旱牧區。在牧區中，還有小塊河谷與綠洲農業區。

而所謂的三帶，則是指秦嶺淮河一線以南的水田農業帶。這一界限以北到秦長城以南，是旱地農業帶；而秦長城以北，則屬於游牧地帶。這三個經濟帶，也是中華文化與民族起源與發展地域空間。

西元前三千到前兩千年間，是中華文明由多元化向一體化融合的最關鍵時期。這一時期被統稱為「前王朝古國文化時期」。

從考古發現來看，這一時期屬於經濟文化發展比較迅速的時期，同時，也是社會結構出現變革的時期。在這一時期內，貧富分化、社會分層逐漸加劇；戰爭的蔓延與土地的兼併一方面成就了最早的國家管理者，另一方面也造就了國家本身；原有各部落與部落集團之間，也逐漸打破部落與地域的界限。

具體來說，起源於以泰山為中心的海岱文化，後來逐漸統一了黃河流域、長江中下游和燕山南北等地，並形成了山東龍山文化、良渚文化（後期）和紅山文化（後期）。因此，這一時期也稱為龍山文化的形成期，史稱「龍山時代」。

在一些有關黃帝的傳說中，稱黃帝戰勝了炎帝、蚩尤，堯、舜、禹戰勝了三苗等驚天動地的戰爭，都反映了當時部落集團之間的兼併事實。在中華大地上，由多區域文化並行發展的新石器文化，在這一時期被反覆碰撞、融會與吸收、涵化，加速了以中原為中心的夏王朝的最後形成。因此，中華文明是多元起源的，而且是在中原地區最早出現的。

考古學認為，在青銅器起源與文明剛剛出現之時，燕山的南北、黃河上游、長江中下游等地，其文明發展都是與中原齊頭並進的，有的甚至發展在中原文明之前。也正是這些多方面的文明匯聚於中原，以及在各部落集團互相融合的基礎上，才逐漸形成了後來的夏人、商人、周人，並先後建立了夏、商、周三個王朝。此後，又經過春秋、戰國的民族遷徙與融合，才形成了穩定發展的華夏民族。華夏民族在中華民族中是最先形成的，也是以炎黃部落集團融合為核心，後來又融合了兩昊、三苗及其他各部落集團的一部分，並吸收了各地先進文化的結果。

從華夏文明的各部分起源來看，華夏文明與四方各民族的發展都有著共同的淵源聯繫。各個部落與部落集團也都有一部分分化出來，進入華夏文明形成的過程。當然，在華夏文明的形成發展過程中，也不斷吸收各部落與部落集團的文明，從發展成為邊疆各個少數民族。與此同時，華夏文明在形成和發展過程中，也有一部分文化分化出來，遷徙到邊疆地區，並融入到當地的民族當中，成為當地民族組成的一部分。

相關連結——火是怎麼來的

火是人類生存、文明發展不可缺少的重要條件。火的發明和利用，也是人類社會發展史上的一個里程碑。

燧人氏是舊石器時期中期氏族的一個首領，據稱也是伏羲和女媧的「父」族，因此他的世代子孫都被稱為「燧人氏」。關於鑽木取火的發明，根據史料記載，一致公認是中國古代的「三皇之首」燧人氏。

在《韓非子．五蠹》中有這樣的記載：「上古之世，人民少而禽獸眾，人民不勝禽獸蟲蛇……民食果蓏蚌蛤，腥臊惡臭，而傷害腹胃，民多疾病。有聖人作，鑽燧取火，以化腥臊，而民說（悅）之，使王天下，號之曰燧人氏。」

《太平御覽》卷八六九引《王子年拾遺記》中也記載：「國有火樹，名燧木，屈盤萬頃……後世聖人變腥臊之味，遊日月之外，以食救萬物，乃至南垂。目此樹表，有鳥若，以口啄樹，粲然火出。聖人感焉，因取小枝以鑽火，號燧人氏。」

此外，《三墳》中也有載：「燧人氏教人炮食，鑽木取火，有傳教之台，有結繩之政。」《古史考》載：「太古之初，人吮露精，食草木實，山居則食鳥獸，衣其羽皮，近水則食魚鱉蚌蛤，未有火化，腥臊多，害腸胃。於使（是）有聖人出，以火德王，造作鑽燧出火，教人熟食，鑄金作刃，民人大悅，號曰燧人。」

研究發現，燧人氏是世界上唯一一個有史料記載的人工取火的祖先。燧人氏鑽木取火，也是中國的火文化、中華文明的源頭。因此，燧人氏也當之無愧被稱為「火祖」。

印度河流域的神祕文字

印度河文明包括哈拉帕和摩亨佐．達羅兩個大城市，以及一百多個較小的城鎮和村莊。兩個大城市方圓都超過五公里，由其規模可推測是兩個大邦的政治中心或是一個大帝國輪流以兩地為京城（印度歷史上原是有一國兩都之制的）。

但是，也可能是哈拉帕繼摩亨佐．達羅之後成為京城所在地，因為摩亨佐．達羅不止一次受到大洪水的破壞。在卡提阿瓦以及更南的南部文化區，比主要的印度河地區略晚些時間開發。這種文化有文字，字元約有兩百五十到五百個，部分已被試作解讀，此種語言已被歸入達羅毗荼語族。該文明的中心時期約在西元前兩千五百到前一千七百年。

印度河流域文明的初露端倪

繁盛時期的印度河流域文明，大概分布在東自阿富汗西至德里、北起喀什米爾南抵達布蒂河的廣闊地域裡。它比蘇美文明和埃及文明加在一起所影響的地域還要廣闊得多。因此，印度河文明也引起了世界學術界的高度重視。

從一九二〇年，英國和印度的許多學者便開始合作。十多年來，學者們在今印度和巴基斯坦境內的哈拉帕、摩亨佐．達羅和俾路支斯坦等地，共發掘出了六十多處古文化遺址，第一次向全世界展示了印度河流域史前文明的存在。

在印度河文明的遺址中，還出土了大量的生產工具和生活用品，以及大量青銅的斧、矛、刀、劍和頗具特色的女性陶俑及其他陶器。這些出土的器物表現出了古代印度人民高度的生產水準和精湛的藝術才能，令專家學者們驚嘆不已。

然而，最引人矚目的還要算三千多方獨特的石質浮雕印章，這其中的大部分印章都是用柔軟的滑石製作的。上面鐫刻著栩栩如生的動物圖案，偶爾也有少數人物形象。這些動物圖案主要以公牛、犀牛、水牛、鱷魚、象、虎、牝鹿等為主，而大多數印章上都刻有某種文字。

神祕的印章文字

研究者認為，這些文字是一種同時存在圖形和符號的象形文字。為了弄清這些印章文字的含義，世界各國的古文字學家、碑銘學家以及歷史學家，都在不懈的努力。

研究者發現，這些印章文字與任何已知的文字都毫不相干，它淵源於西方的可能性基本不存在。既不是梵語，也不是吠陀梵語，然而在美索不達米亞和西亞的其他很多地方，也發現了與印度河印章非常相似的石印，上面的文字或圖案和這些文字也有許多相同之處。學者們據此推測，史前印度河流域文化與當時的西亞文化之間，應該有著頗為密切的關係，而這些石印也可能是古代的印度人賣到西亞去的。

關於印度河印章文字的釋讀或推測簡直就是眾說紛紜、莫衷一是。有人認為，印章文字和其他文字間的關係還不能確定，還需要進一步的發掘或研究；也有人認為，史前印度河流域所使用的語言很像達羅毗荼語，因此印章文字和達羅毗荼語之間應該有某種淵源；還有人認為，這種印章文字或許就是古印度婆羅米文的起源。不過大多數學者都認為，這些印章應該是被古代印度河流域的居民當作護身符或避邪之用的。因此，印章上的圖案和文字符號是某種宗教禱詞，代表有某種意義的圖形或詞語，而並非代表某些語音。

不過，對此也有持反對意見的。一位研究者認為，印度河流域的印章文字「不可能是一種用字母來拼寫的文字，很可能是一種自成音節的有聲文字，或是代表某種聲音。閱讀時，應從右向左閱讀，然後再從左向右閱讀。也就是說，這是一種交互成行的書寫文字」。

儘管多數學者都對這些文字做了長期認真的探索和研究，但一直也沒有取得一致的意見和有意義的突破。直到一八六〇年代末，印章文字還是沒有被成功釋讀出來，它仍是印度河流域文明中沒有完全被人類解開的謎團之一。

何時才能柳暗花明？

儘管對印章文字的研究沒有取得突破性的進展，但值得一提的是，一九五四年十一月，印度考古局文物鑑定專家拉奧博士在印度古加拉特邦的洛塔爾，發現了兩百一十方滑石印章。這些印章證明，古代印度河流域的文明曾擴大到了卡提阿瓦半島。

拉奧博士認為，洛塔爾印章應該歸屬於晚期的印度河流域文明，因為它上面的文字比在印度河中下游發現的早期印章上的文字簡單很多，而且上面所有的圖案都在晚期印章上消失了。此外，一些簡單的線形（而非象形）符號也都被標上了重音，並出現了符號雙寫的綴寫字。

在多年的研究中，拉奧博士使用的方法逐漸獲得了印度及其他國家學者的推崇和讚譽。在一九七〇年代末，拉奧博士向世界宣布了自己對印度河流域的這些文字的新見解。他認為，被發現的這些印章文字最初應該是一種由六十二個符號（包括圖案和線形文字）組成的混合文字，後來逐漸演變成了由二十二個符號組成的字母文字。早期的混合文字中，包含了一些閃語符號和類似於梵語、尤其是梨俱吠陀梵語符號；而晚期的字母文字中，由輔音符號構成了閃語輔音字母系統的基礎。這兩種文字都是從右向左書寫的。

拉奧博士認為，印度河文明的最大貢獻在於，古代印度文字從音綴文字演變成了字母文字。印章文字所代表的語言，也是古印度雅利安語言的一種早期形式，而並不屬於達羅毗荼語族。同時，印章文字還為婆羅米文的產生奠定了一定語言基礎。

與此同時，另外一些國家的學者也試圖利用電腦破解這些印度河流域發現的文字。在研究中，他們使用的主要方法是分析所有印章文字符號的位置和出現次數，把一些符號看成圖形，而把另一些看成是具有某種詞義的限定詞。拉奧認為，學者們還沒有分析出有的符號是假圖形，因此「還沒有確切搞清楚有多少基本符號」。

總之，印度河流域的印章文字至今可以說都是一個不解之謎。

相關連結——印度河文明的農業和手工業

與所有其他古代文明一樣，印度河文明主要是農業文明，主要農作物有小麥、大麥等。此外，當地居民還種植紫花豌豆、甜瓜、芝麻、椰棗和棉花等。研究發現，印度河流域也是最早用棉花織布的地方。

古代的印度河流域，可能已經與外部世界有了相當的貿易關係；其中包括美索不達米亞，考古人員在那裡發現了印度河流域的印章，在波斯灣的巴林島上還發現了一些其他印度河流域的產品。這些發現表明，巴林島應該是美索不達米亞與印度河流域之間海運貿易的一個中間站。

印度河流域還有許多手藝精湛的製陶人，他們會用陶輪製作陶器，這在當時是一項嶄新的技術。哈拉帕人使用石器，而且還會用青銅製作刀具、雕像等。而且，他們還建立了先進的廢物處理系統，其中包括一些有蓋板的排水系統和倒垃圾的斜槽等。

印度河文明最著名的工藝品也許就是那些圖章，通常以塊滑石製成，種類有別而獨具特色。圖案包括各式各樣的動物，既有象、虎、犀牛和羚羊這類真實的動物，也有幻想或拼合而成的動物，有時也雕刻人形。考察者還在這裡發現了少量的印度河石雕品，通常很小且為人像或神像。此外，也發現過很多動物和人的小型赤陶雕像。

史前藝術的發掘

在考古學上，人類出現後，以打製石器為主要生產工具的時代，稱為「舊石器時代」。舊石器時代從距今兩三百萬年前開始至一萬年前為止，約占整個人類歷史的百分之九十九點八。而新石器時代的出現，則是人類進步史上具有決定性意義的發展事件，以原始農耕、畜牧、定居、製陶、磨製石器及鑽孔技術等為基本特徵。

新石器時代是第一個在全世界人類居住區域具有相對一致性的文化期，這一進程約產生在西元前九千年左右，在西亞一帶最早開始。在中國，以黃河流域的裴李崗文化、甘肅渭河流域的大地灣文化以及磁山文化為代表，大致起源於西元前六千多年。

考古研究發現，迄今為止，在中國發現的新石器時代遺址約有七千多處，但還未曾發現舊石器時代的繪畫遺跡。而在新石器時代，已發現的繪畫遺跡有岩畫、彩陶畫、線刻畫、壁畫和地畫等多種。這些繪畫大致可分為兩類：一類是塗繪，如彩陶畫、岩畫、壁畫、地畫等；另一類則是線刻（包括敲擊磨製），如岩畫及石器、骨器和陶器上的圖像等。

岩畫的出現

岩畫，是指刻畫在岩石表面的一種圖畫。在中國，已經在許多地區發現岩畫遺址。其中透過考古發掘的新石器時代的岩畫主要有江蘇連雲港的將軍岩岩畫和內蒙古中南部的陰山岩畫。也有學者認為，陰山岩畫中最早的作品不屬於新石器時代，而是舊石器時代晚期。除此之外，有些考古人員還認為內蒙古烏蘭察布和桌子山岩畫、新疆庫魯克山興地岩畫、福建華安仙字壇崖畫以及雲南滄源崖畫等，也可能都源自於新石器時代。

陰山岩畫的主要內容包括動物、戰爭、舞蹈、狩獵、天文圖像及神靈圖像等，大多透過敲擊、磨刻而成，手法雖然古拙，但形象相當生動。此外還包括一些抽象的符號，研究表明這些符號的內容可能與祈求豐收以及祭天等宗教活動有關。

除中國外，世界其他地區也有岩畫發現。其中在美洲發現的岩畫中，有不少都是優秀的美術作品。從技法上說，通常刻在石質堅硬的花崗岩和片岩上的多用彩繪；而在砂岩、石灰岩、滑石等軟質的石面上則多用刻鑿。在北美洲，美國加利福尼亞的巴斯附近也發現了大量的岩畫，畫面內容主要有紅色手印、太陽、符號和各種動物等；在聖波基塔洞窟的壁畫中，還發現有被箭射穿的人的形象，這與法國尼奧洞窟岩畫刻畫的被箭所刺的野牛相類似。

此外，在南美大陸也發現了具有多種風格特徵的岩畫，年代最古老的約為西元前兩萬年。這些古岩畫可劃分為三個時期，分別為初期狩獵民時期、全新世狩獵民時期以及農耕民時期。其中最為古老的是在一九八三年發掘於巴西東北部的皮奧依州的狩獵民作品。考古人員發現，在從岩石崩裂下來的石塊碎片中，有用紅色顏料塗繪過的痕跡，還發現用紅與黃兩種顏色畫成的牡鹿的形象，與此有關的發現還有初期狩獵民使用過的石斧等用具。

彩陶畫的發掘

彩陶畫是指描繪在彩陶上的畫，分幾何圖案和帶有寫實傾向的人物、動物圖像兩種，而彩陶畫主要屬於後者。這類圖像雖然也是畫在陶器上的裝飾，但它們代表的形象具有真實性，可以體現出一定的抽象構思、想像，或是某種主題，因此就與單純的幾何紋裝飾圖案有所區別。

仰韶文化遺址出土的一件彩陶缸是史前獨立性繪畫中的珍品。這件彩陶缸上繪有一隻白鸛銜魚的圖像，這個形象面向一柄裝飾考究的石斧而立，因而被命名為「鸛魚石斧圖」。構圖均衡而飽滿，形象簡潔而生動。有研究人員認為，它可能記錄了以鸛為圖騰的氏族對以魚為圖騰的氏族的歷史戰事。

在位於青海大通的馬家窯文化遺址中也發掘了一些陶畫。最重要的是一件舞蹈人物彩陶盆，在這個彩陶盆的內沿畫有一圈分三組、共十五人手挽手跳舞的情景。每組的五個人有相同的形象和朝向，這表現出舞時的整齊節奏，也透露出了熱烈的氣氛。有人認為這是表現氏族成員圍獵野獸場景的一幅畫面，也有人認為這是慶祝豐收或在祭祀神靈的場面。

在仰韶文化半坡類型的彩陶盆上，可以見到人面與魚或魚網相伴的圖像。這類人面皆呈圓形，頭上有尖頂形裝飾，眼鼻輪廓明確，雙眼眯成一線，耳旁或嘴旁有雙魚。有人認為，這類帶有神祕的人面紋可能與人類早期原始信仰有關。

這些彩陶畫的內容除了各種各樣的人物外，還有魚紋、鳥紋、蛙紋、犬紋等各種紋飾圖像，如半坡彩陶中一件陶盆外壁就繪有三條首尾相接的大魚；又如位於甘肅的馬家窯文化遺址出土的一件彩陶瓶上也繪有一條人面狀的鯢魚（俗稱娃娃魚）；陝西臨潼姜寨彩陶中還有蛙和魚紋，雖然用筆樸拙，但也別有藝術魅力。

從新石器時代出土的彩陶畫上，可以發現它們已經體現出中國古代繪畫傳統的一些基本特色，比如線描的表現方法，以及對筆墨效果的運用等。

壁畫的意外發現

一九〇五年，歐洲的考古學者們齊集西班牙，在這裡隆重悼念著曾被指控為「千古騙子」的律師馬塞利諾．桑圖奧拉。一八七九年，律師與他的女兒偶然在位於阿爾塔米拉山丘的地下洞窟中發現了原始人類早期繪製的彩色壁畫。然而他們的發現並沒有得到當時人的認可，他們得到的卻是辱罵和攻擊。人們認為，這些壁畫根本不可能是史前人的創作，而是律師偽造的。於是律師在一八八八年憂怒而死。

時隔十年，律師生前的一個頑固的反對者，即法國考古學家里維耶爾，在法國的拉木特洞穴也發現了一組類似的史前壁畫，他的發現引起了全世界學者的注意，律師才得以昭雪。至今為止，考古學者們相繼在義大利、北非和斯堪地那維亞半島等不同地區共發現史前洞窟壁畫四十餘處。這些壁畫至今仍保存完好，十分精美，成為人類歷史文明發展的有力見證。

目前，世界上最有名的壁畫主要有五處，分別為拉斯科洞穴壁畫、阿爾塔米拉洞穴壁畫、肖維岩洞穴壁畫、馬古拉洞穴壁畫和芬德歌姆山口洞穴壁畫。

拉斯科洞穴被學者稱為「史前的西斯汀小教堂」，是法國西南部的一個複雜洞穴，其中包含有世界上最不同尋常的舊石器時代壁畫，這些壁畫的歷史至少可追溯到距今一點五萬年前。

阿爾塔米拉洞穴是西班牙的有名的史前藝術遺跡，洞內壁畫舉世聞名，其地位於西班牙北部古城桑坦德南三十五公里處。洞窟長約兩百七十公尺，高兩三公尺不等，寬度不一。洞內保持著久遠的石器時代原貌，有石斧、石針等生產、生活工具，還有雕鑿平坦的巨大石榻。現存的一百五十餘幅壁畫位於長十八公尺、寬九公尺的入口處頂壁上，是大約在西元前三萬年至西元前一萬年的舊石器時代晚期的遺跡。其中既有簡單的風景草圖，也有紅、黑、黃褐等色彩濃重、形象多樣的動物畫像，如野馬、野豬、赤鹿、山羊、野牛和猛獁等。

肖維岩洞穴位於法國南部的阿爾代什省，一九九四年發現了其中保存完好的舊石器時代的精美壁畫。肖維岩洞穴繪有兩個時期內清晰的人類的活動跡象，即奧里尼雅克時期（舊石器時代前期三到三點二萬年前）和格拉維特時期（舊石器時代晚期二點五到二點七萬年前），而多數洞穴壁畫屬於舊石器前期。洞內岩壁上有清晰可見的以表現犀牛、馬和獅子等動物形象為主的壁畫，共有四百個動物圖像。據考古人員測定，這是迄今世界上發現的最為古老的洞穴壁畫之一。

馬古拉洞穴位於保加利亞西北部，距首都索菲亞一百八十公里。洞穴中的壁畫繪有舞蹈和打獵場面，以及帶有面具的男人、大型動物、太陽、星辰和各種勞動工具和植物等人類活動和自然界的物態。

芬德歌姆山口洞穴的壁畫藝術至少持續了數千年，直到十九世紀才被當地居民發現。這些壁畫的時代可追溯至西元前一點七萬年前，其中包括兩百多幅彩繪藝術，它們被認為是多彩史前壁畫藝術。

中國目前已知的有兩處史前壁畫遺跡，一處位於遼寧的紅山文化遺址，其中一座女神殿建築遺存中的壁畫殘塊是中國迄今所見最古老的壁畫遺跡；另一處在寧夏固原店河村齊家文化遺址的一座房屋殘垣的白灰面上，發現了用紅彩描繪的幾何紋。這些史前壁畫殘跡反映出當時的人們已有意識的用彩繪圖案裝飾建築壁面，雖然還不能算作主題性繪畫，但可以視為中國壁畫傳統最古老的源頭之一。

神奇的雕塑藝術

考古學家認為，人類最早的藝術樣式是雕塑藝術，這種藝術的出現甚至比洞穴壁畫還要早許多年。製作女子雕像，是原始雕像藝術的發端。這些雕像有的很小，可以隨身攜帶，它們通常沒有腳，下肢呈尖錐形。據美國考古學家判斷，這樣製作雕像是為了便於往地上插。還有人稱，這樣做具有一種巫術或祈禱的意義，是為了防止她們從自己身邊跑掉。

不過，關於這些可隨身帶的小型女雕像用途，至今仍是眾說紛紜、莫衷一是。有的學者提出，它可能是一種愛情的副產品；但另一些學者持反對意見，認為這些雕像幾乎沒有有發現性愛的傾向。

最古老的建築所在

不管考古學家對史前藝術的起源持有哪種不同的看法，但藝術活動與人類生存鬥爭的功利性相聯繫這一點，是沒有異議的。而建築，作為滿足原始人類生存的一種基本防衛，也屬於藝術的範疇了。對於原始人來說，將自己與兇險的自然空間隔開，可以減少潛在威脅，有利於他們的生存發展。

考古學家認為，人類最古老的建築物是一九六〇年在坦尚尼亞奧杜瓦伊峽谷發現的屬於舊石器時代最低文化層的一圈圍牆，距今可能有一百七十五萬年。舊石器時代在建築房屋時除了用樹木、草和石塊外，也有以巨石建造石屋的例子。這種石屋最初可能與原始人對巨石的崇拜有關。歐洲所謂的史前巨石，就被認為是人類最早的一種紀念性藝術。它常以數塊以至數十塊巨石排成十幾行，比如在法國布列塔尼的卡奈克發現的巨石群，每塊巨石高達二十四公尺左右，而其排列長度達三千公尺以上。

歷史側影——古代便已具有現代文明

在現代的探險和考古活動中，發現了許多匪夷所思的遠古遺物。這些物品表明，遠古時代的人類已掌握了超乎現在想像的製造技術，他們甚至可以製造出當今人類能製造出來的東西。

一八七八年，考古人員從埃及薩卡拉郊外的墳墓中挖出了一個鳥狀模型。令人驚訝的是，它有著直線的翅膀及垂直的尾部，令人聯想到了飛機的垂直尾翼。這個用木頭製作的模型重約三十九克，翼寬十八公分，機首三點二公分，全長十四公分，首尾都是基於空氣力學製造而成的。後經研究空氣力學的專家試飛結果，此模型可在空中飛行很長時間。

一九〇〇年的某天，在地中海克里特島西北方的安提古拉特島海面上，一位採海綿的潛水夫在兩千年前沉入海底的希臘船中撈到了一個青銅製的齒輪機器。此可轉動的齒輪狀物最後被保存在希臘國立博物館內，後來，英國人史塔邁耶將這個機器恢復了原狀，並稱它是紀元前所發明的自動回轉式天球儀。這個物體有四十個齒，並可移動刻度，能推測出太陽、月亮及行星的運行經過。實際使用的結果，科學家發現其測定月亮軌道的誤差，僅僅只有百分之一度。

德國的考古學家曾在伊拉克首都巴格達博物館的地下室發現了一個奇妙的罐子。這個陶罐是屬於帕契亞人時代（西元前六五〇至前二五〇年）的物品。乍看之下，它只是個普通的陶罐，但開封後發現其內部有一長十二點五公分、直徑為三點八公分的銅罐，這個銅罐的尾部是以鉛錫合金焊成的，裡面有已腐蝕的鐵棍。這個陶罐的構造如此神奇，它與伏特所發明的電池完全一樣。

此外，考古人員發掘出來的一些黃金打造品、陶器製品等，都與很多現代技術非常相似。由此可見，史前人類具有的高超技術絕不輸給現代人。

印度河流域的燦爛文化

印度是世界文明古國之一，印度的名稱起源於巴基斯坦境內的印度河，它是人類文明的發祥地之一。古印度的文化內容豐富多彩，並有著獨特的風格，在文學藝術、科學技術、宗教哲學等方面都有不少的成就。

古印度文化早已與外國文化互相交流與影響，對東、西方文化的發展起著重大的作用。燦爛的古印度文明是印度人民對世界文化的巨大貢獻。

阿拉伯數字的創造與傳播

古代印度人對世界文化寶庫最偉大的貢獻，是創造了包括「0」在內的十個數字記號，從而使十進位法完備起來，成為現代一般通用的計數法。在西元四世紀完成的數學著作《太陽手冊》（一譯太陽悉檀多）裡已使用「0」的符號，估計其起源可能還要早一些。這種記數法的原理，是同一數字因其所占位置不同而分別表示個、十、百、千等數字；如果某一位元上沒有數字，則在該位元上寫「0」。

西元八世紀，敘利亞的阿拉伯人發現了印度數字的優點，並在其帝國中推廣，後來又透過西班牙，將印度數字傳入歐洲，逐漸取代了羅馬數字，並傳播到世界各地。這就是人們使用的「阿拉伯數字」。阿拉伯數字是印度人創造的，阿拉伯人只是把它改成了更加便於書寫的形式。

阿拉伯數字由伊斯蘭世界傳入歐洲大約是在西元十世紀，它在西方引起了巨大的變化。到了十一世紀，十進位的計算方式已在阿拉伯帝國得到普遍使用，這種方式透過阿拉伯人又傳入西方，對西方人的生活和思想包括從純數學到商業貿易等幾乎所有方面，都產生了意義深遠的影響。當時歐洲各國完全為基督教所統治，科學文化在這種專制、落後的氛圍中發展緩慢。阿拉伯文明的傳入，對歐洲的自然科學、社會科學、文學藝術的發展及文藝復興運動起了推動作用。

阿拉伯人在吸收印度數字的優點的同時，幾乎繼承了古代美索不達米亞、埃及、古希臘、波斯和印度所有重要的數學思想，並以此為基礎創立並發展了伊斯蘭數學。

阿拉伯人不僅發展了關於數字與數學的哲學，賦予數字本身以新的定義，而且還發展了新的計算技巧。他們創立了代數學和三角學，發展了幾何學，並首先應用幾何學解決代數問題。數學在伊斯蘭傳統中的「特殊地位」，使人們一談起伊斯蘭文明時，首先想到的總是阿拉伯數字。幾何學和數字的耀眼光輝撒滿清真寺飾物裝潢、地毯等造型藝術中。印度數字的創造與傳播，是對阿拉伯世界乃至全人類文明做出的巨大貢獻。

璀璨的文學成就

古代印度不僅以數學先進著稱，它還在文學、醫學、美術、建築及宗教等方面有傑出的成就。古印度的文學遺產很豐富，有吠陀文學、史詩、寓言故事、戲劇等。其中吠陀文學以上古印度的詩歌總集《吠陀本集》為代表，它是許多作家的作品，創作時間跨度達五個多世紀，其內容雖然大多是神話傳說，但也反映了社會現實生活的一些情況。這些詩是古印度人的寶貴文學遺產，既具有很高的文學價值，又有很高的史料價值。

印度最古老的世俗文學是兩大史詩《摩訶婆羅多》與《羅摩衍那》，其文學價值可與古希臘著名的荷馬史詩《伊利亞德》和《奧德賽》相比，而且內容更為豐富。《摩訶婆羅多》

的中心故事是婆羅多族內奇武王的兩個兒子持國與般度的後代爭奪王位的鬥爭，最後爆發為大戰，它波及到印度全境，甚至連希臘人、大夏人和中國人都參加了。它生動描繪了古代印度的政治、軍事和社會生活，又反映了雅利安人向東發展的情景。

《羅摩衍那》的內容主要是居薩羅國的太子羅摩為實踐其父王的諾言，自願讓王位於其弟而和妻子悉多去森林過流放生活。歌頌了羅摩的德行和他的不畏艱苦、反抗強權的精神，反映了雅利安人向南印度擴張的情景。

兩篇史詩兩千多年來一直影響著印度人民的思想和行動。它不僅是南亞次大陸人民的珍貴遺產，也是世界文學的珍寶。

此外，印度戲劇理論的著作《舞論》涉及到戲劇的各個方面，西元前後成書。這在古代世界文化史上是很少見的，是印度人民對世界文化的重要貢獻。

醫學與建築

在醫學衛生方面，古印度人也有很豐富的知識。如在《阿闥婆吠陀》就記有七十七種在濕熱又多毒蛇和毒蟲的印度環境裡常見的病及其治療方法。

這時人們已有了解剖方面的知識，認為腦髓、脊椎和胸腔是藏病的地方，心是智力中心。治病除用咒語外，也用動物、植物和礦物製成的藥品，還使用膏藥和針灸。醫生有外科、內科、眼科，還有獸醫。整形外科和接骨技術水準較高。古代印度人非常講究潔淨，堅持沐浴，節制飲食，探討養生之道。

隨著醫學知識的積累，古代印度出現一些醫學著作，最早的名著是《遮羅迦本集》。這個本集涉及了病理學、解剖學和胚胎學等方面的問題。他認為營養、睡眠與節食是身體健康的三大因素。當時外科是受人鄙視的，《妙聞集》則著重外科，強調解剖學的重要。古印度醫學尤以對外科手術的探討最為先進，已提及撥白內障、除疝氣，治療膀胱結石，剖腹產等多種手術。

此外，古印度的建造藝術水準也很高。西元前二世紀開鑿至西元六五〇年才最後竣工的阿旃陀石窟是古印度傑出的藝術作品。它以佛教故事為題材的雕刻與繪畫在藝術上達到很高的水準。西元前後，印度西北部健馱邏地區由於與西方商業的發展，希臘文化藝術傳入，並與印度藝術融合，產生了健馱邏的藝術。它的特點是運用希臘藝術形式表現佛教人物。犍陀羅藝術透過中亞傳到中國新疆，對中國和亞洲其他國家的藝術都發生了巨大的影響。

相關連結——瑜伽是怎樣來的

瑜伽起源於印度，距今有五千多年的歷史文化，被人們稱為「世界的瑰寶」。在數千年前的印度，高僧們為追求進入天人合一的最高境界，經常僻居原始森林，靜坐冥想。在長時間單純生活之後，高僧們從觀察生物中體悟了不少大自然瑜伽美圖法則，再從生物的生存法則，驗證到人的身上，逐步去感應身體內部的微妙變化，於是人類懂得了和自己的身體對話，從而知道探索自己的身體，開始維護和調理健康，以及醫治疾病和創痛。幾千年的鑽研歸納下來，逐步衍化出一套理論完整、確切實用的養身健身體系，這就是瑜伽。

考古學家曾在印度河流域發掘到一件保存完好的陶器，上面描畫著瑜伽人物做冥想時的形態，這件陶器距今至少已有五千年的歷史了，可見瑜伽的歷史可以追溯到更久遠的年代。

現代學者將瑜伽分為三個時期：

（1）前古典時期：

由西元前五千年開始，直到《梨俱吠陀》的出現為止，約有三千多年的時期，是瑜伽原始發展，缺少文字記載的時期，瑜伽由一個原始的哲學思想逐漸發展成為修行的法門，其中的靜坐、冥想及苦行，是瑜伽修行的中心。

（2）古典時期：

由西元前一千五百年《吠陀經》籠統的記載下來，到了《奧義書》明確的記載瑜伽，到《薄伽梵歌》出現，完成了瑜伽行法與吠檀多哲學的合一，使瑜伽這一民間的靈修實踐變為正統，由強調行法到行為、信仰、知識三者並行不悖。大約在西元前三百年時，印度聖哲波顛闍利創作了《瑜伽經》，印度瑜伽在其基礎上真正成形，瑜伽行法正式訂為八支體系。

（3）後古典時期：

在《瑜伽經》以後，為後古典瑜伽。主要包括了《瑜伽奧義書》，密教和訶陀瑜伽。《瑜伽奧義書》有二十一部，在這些「奧義書」中，純粹認知，推理甚至冥想都不是達到解脫的唯一方法，它們都有必要透過苦行的修練技術所導致的生理轉化和精神體會，才能達到梵我合一的境地。因此，產生出了節食、禁慾，體位法等，是後古典時期瑜伽的精華。

十九世紀的拉瑪克里斯納是現代瑜伽之父。其後的「愛恩加」和「第斯克佳」是聖王瑜伽的領導者。另外印度錫克族的「拙火瑜伽」和「濕婆阿蘭達」瑜伽也是兩個重要的瑜伽派別，一個練氣一個練心。

等級森嚴的印度種姓制度

種姓，在古代印度梵語中叫做「瓦爾那」，意思是「顏色」、「特質」，中國古代的漢譯佛經或旅印高僧的著作中稱為「種姓」。它的形成，與階級分化和社會分工有著密切的關係。

種姓制度的起源

印度是世界文明古國之一，早在西元前二十三世紀左右就創造出了燦爛的印度河流域文明，而創造這一文化的是印度主要的原始居民達羅毗荼人。

西元前兩千年前後，屬於印歐語系的一些部落從中亞高原來到印度河中上游的旁遮普一帶，這些人是白種人，自稱為「雅利安人」，意為出身高貴的人，而把當地的土著居民達羅毗荼人稱為「達薩」，意為「敵人」。他們說，達薩是「沒有鼻子的」、「黑皮膚的」，自認為比達羅毗荼人高貴。這樣在古印度出現了最早的等級區分：白皮膚的雅利安人和黑皮膚的達薩人，可以說這是種姓制度的起源。

在進入印度後不久，雅利安人社會開始出現分化，少數氏族、部落的成員成了貴族，而大多數氏族、部落成員則成了平民，這是世界各個民族從原始進入文明時所共存的現象。但雅利安人不同的是：其貴族又分為祭司貴族和武士貴族。這樣，雅利安人部落內部就出現了三個集團：祭司貴族、武士貴族和一般平民，再加上原有的「達薩」，便形成了四個等級或種姓。在這四個等級或種姓中，祭司貴族最高，稱「婆羅門」，其次是武士貴族，稱「刹帝利」；再其次是一般平民，稱「吠舍」，最低的是達薩，稱「首陀羅」。

關於這四個等級的起源，在印度最古老的文獻《梨俱吠陀》（也是婆羅門教的經典）的最後一章（大約形成了西元前一千年或稍晚）中有過這樣的說明：據說，在古老的洪荒時代，除了一個名叫普魯沙的原始巨人外，什麼也沒有。有一天，諸神肢解了普魯沙，普魯沙身體的各個部分就要成了天地萬物。其中，「他的嘴變成了婆羅門，他的雙臂變成了刹帝利，他的雙腿變成了吠舍，他的雙腳生出首陀羅」。

到了西元前九至前七世紀，雅利安人擴張到了恆河流域，並建立起一些奴隸制國家。奴隸主貴族為了維護其階級利益，便藉助於宗教和法律將原來形成的四個等級固定下來，並對其職業、地位、權利、義務和社會生活作了詳細規定。種姓制度就這樣形成了。

種姓制度的職業劃分

依據種姓制度，作為第一等級的婆羅門，主要是充當祭司，研究並傳授宗教經典，研究並解釋法律，「為自己和他人祭祀」，以及接受施捨或施捨他人。他們不需從事任何生產勞動，也不必承擔任何賦稅和徭役，但可以透過接受施捨而占有大量財富。他們的人身神聖不可侵犯，就是國王也不能動他們一根毫毛。他們不僅壟斷了宗教、法律和文化方面的權利，而且還可以以國王的顧問身分和武士貴族一同分享政權，參與處理國家大事，其地位最高。《摩奴法論》中寫道：「一切生物中最優秀的是動物，在動物中最優秀的是有理性的動物，在一切有理性的動物中最優秀的是人，在一切人中最優秀的是婆羅門。」

剎帝利主要是充當武士，保衛國家，保衛宗教，保衛婆羅門，國王和官吏通常也屬於剎帝利種姓。剎帝利雖掌握有政權和軍權，但由於在等級上要低婆羅門一等，因此他們常常受到婆羅門的欺負。婆羅門就公開宣揚說，一個一百歲的剎帝利見到一個十歲的婆羅門，也要像兒子對待父親那樣畢恭畢敬。當然，大權在握的剎帝利是不甘心婆羅門在自己頭上作威作福的，所以兩者時常發生矛盾和衝突。

吠舍的職業是從事農業、畜牧業和商業，他們只有以施捨（捐贈）和納稅的方式供養完全脫離生產勞動的婆羅門和剎帝利的義務，而不能享受任何宗教、軍事和政治特權。

首陀羅作為四種姓中地位最低者，他們只能從事手工業以及其他種種當時被認為低賤的職業，其中不少人淪為傭工或奴隸，過著十分悲慘的生活。

為了保證高級種姓的特權地位，種姓制度規定，各種姓職業一律世襲，特別嚴禁低級種姓的人從事高級種姓的職業。《摩奴法論》就列有這樣一條，「低級生產者因貪欲而以高級種姓的職業為生，則國王剝奪其財產後，應立即放逐之。」

種姓制度的不平等性

在宗教生活上，各種姓之間也是不平等的。按照法典規定，前三個種姓有參加宗教活動的權利，稱為「再生族」，而首陀羅則無權參加任何宗教活動，稱為「一生族」，即使他們聽一聽或看一看婆羅門教的聖典吠陀也被禁止。譬如，《喬達摩法經》中規定，如果首陀羅故意聽人誦讀吠陀，須向他的耳朵裡灌以溶化的錫或蠟；如果他誦讀吠陀原文，就應把他的舌頭割掉；如果他記憶吠陀原文，須將其身體劈成兩半。

不僅首陀羅和前三個種姓間存在著不平等，就是前三個種姓之間也有種種差別。以雅利安人在梵行期所攜行的木杖為例，法典規定：婆羅門的杖長須達髮端，剎帝利須達前額，吠舍須達鼻端。這樣，人們只要看一下木杖的長短也就知道這個人所屬的種姓了。

四種姓之間的不平等還表現在法律方面。如果高級種姓傷害了低級種姓的人，處分一般都很輕；相反，如果低級種姓傷害了高級種姓的人，那麼就會遭到嚴厲處罰。例如法典規定，婆羅門侮辱首陀羅只罰款十二帕那，但如果首陀羅惡毒辱罵再生人（即前三種姓）則須割掉他的舌頭，如果首陀羅以無禮的態度評論再生人的名字和種姓，則須以十指長燒熱的鐵釘插入他的口中；如果首陀羅傲慢教訓婆羅門的人，即就要往他的口和耳裡灌滾開的油。

在婚姻方面，為了維護高級種姓的純潔性，法典強調各種姓間必須實行內婚制，即同種姓的人通婚。但隨著人口雜居的增長，特別是城市的出現，混血已不可避免，加上婆羅門、剎帝利的男人們的貪得無厭，往往違背內婚制的規定，將低級種姓中的姿色女子強占為妻。

在這種情況下，法典為了保證高級種姓的社會地位不致因混血而混亂，遂制定了所謂「順婚」與「逆婚」等原則，即高級種姓的男子可依次娶低級種姓之女子為妻（此為順婚），但低級種姓的男子則絕對不能娶高級種姓之女子為妻（此為逆婚）。法典規定，要對那些向高級種姓之女求婚的低級種姓之男處以體刑。因此，依據「順婚」與「逆婚」的原則，婆羅門除本種姓的女子外，還可娶剎帝利、吠舍和首陀羅女子為妻；剎帝利除本種姓的女子外，可娶吠舍和首陀羅女子為妻，而首陀羅則只能娶本種姓的女子為妻。

如果有人膽敢違反「順婚」與「逆婚」的原則，低級種姓的男子娶高級種姓的女子為妻的話，那他們就犯了不可饒恕的罪行，其子女將成為「旃陀羅」，意為「賤民」。「旃陀羅」的社會地位最為低下，最受歧視，被認為是「不可接觸的人」。

按照法典規定，賤民只能從事屠宰、製革、清掃垃圾、搬運棄屍、看守墳墓或做劊子手這些最髒、最沒人做、也最被人瞧不起的職業。他們只能住在村外，穿死人的衣服，用被人家遺棄了的破碗吃飯，戴鐵的裝飾品。入夜，他們不能在村子裡走動，更不允許進城。白天工作，要戴標明自己身分的標記，出門要邊走邊敲木梆，好讓人們聽到聲音後馬上躲開，以免看到或碰到他們。因為在高等種姓看來，凡是看到或碰到賤民，都是汙穢的，是不吉利的。

隨著社會分工的進一步發展，在吠舍和首陀羅中間，又繁衍出許多從事不同職業的小集團，這些被稱為「迦提」的小集團，受種姓制度的影響，職業世襲，實行集團內婚制。《摩奴法論》記載的迦提有五十九種，其中最受壓迫的有六種。

此後，迦提的數目愈演愈多，到一九三一年英國殖民當局對印度人口第一次調查統計時，全印的迦提數目已達三千五百種，其中被壓迫的迦提有四百二十九種，約六千萬人。隨著迦提的增多，原來四個種姓的區分也就逐漸失去了存在的意義，並最終為迦提所取代。

延伸閱讀——中、印、希三國寓言的相似性

有專家在分析後認為，世界上許多流行的寓言、童話、小故事等，都來源於印度，古希臘許多著名的寓言，如《伊索寓言》等，也有些是來自印度。

真的這樣嗎？一直以來這個問題都存在爭論，有的學者主張源於印度，有的則主張源於希臘，確，在中、印、希三個古國的寓言故事中，有很多相似的地方，那麼這些寓言故事到底源於何地呢？

北魏時代著名的史學家崔鴻曾編輯過一部《十六國春秋》，其中有一篇寫了白蘭王吐谷

渾阿柴臨終前的一個故事：

白蘭王吐谷渾阿柴臨卒，呼子弟請曰：汝等各奉吾一隻箭，將玩之地下：俄而命母弟慕延曰：汝取一箭折之，延折之；又曰：汝取十九隻箭折之，延不能折。柴曰：汝曾知，單者易折，眾則難摧，戮力一心，然社稷可固。言終而卒。

無獨有偶，《伊索寓言》中的〈農夫的兒子們〉的故事是這樣的：

農夫的兒子們時常內訌，他屢次勸導他們，可是一直都不能說服，他覺得必須用事實來才好。他便叫他們去拿一束木棒來，他們依了命令來了，他先把整束交給他們，他們把整束木棒折斷，他們誰也折不動。農夫隨後把那一束解開，各人都給一支棒，他們將棒輕易折斷了。他說道：兒子們，你們看吧，假如齊心一致，你們不會被敵人征服，但若是內訌，便要被打倒。

這個寓言與《十六國春秋》裡的故事對照一下，從立意到表達方式完全相同。有人說，崔鴻是將《伊索寓言》的這一故事改編了一下。但也有人說，《十六國春秋》裡的故事依據的是當時中國的民間傳說，並還進一步指出：《二十四史》中《魏書》卷一百一的《吐谷渾傳》所記與崔鴻所錄一模一樣。《魏書》的作者是北齊的魏收，比崔鴻稍晚。紀昀在《四庫提要》裡評論《魏書》時指出：它「互考諸書，證其所著，亦未甚遠於是非……」這樣看來，《魏書》乃至崔鴻的故事並非源於《伊索寓言》了。

唐朝柳宗元的〈三戒〉是一組寓言，共三篇，其中有一篇〈黔之驢〉，內容與《伊索寓言》中〈初次看見的駱駝〉非常相似。究竟是柳宗元翻譯了《伊索寓言》，還是《伊索寓言》吸收了中國古代的妙喻？

有人還指出：中、印、希三國寓言的相似，必有其相互傳播的因素，從各方面資料去探索，這個謎還是能揭開的。但到目前為止，這還是文化史上的一個謎。

古巴比倫的婚姻習俗

古巴比倫是一個充滿神祕的國度，古巴比倫人的婚姻和習俗也有著詭異的色彩，讓人產生強烈的好奇。

婚姻從拍賣開始

每年巴比倫的每個村落裡都有一次特別的拍賣：所有到達結婚年齡的女孩子都被集合到一處，男子則在她們的外面站成一個圓圈。然後由一個拍賣人一個個把這些女孩子叫出來，將她們拍賣。

拍賣人是從最美麗的那個女孩子開始的。當他把這個女孩子高價拍賣之後，開始拍賣排在第二位的美麗女孩。最終，所有這些女孩子都透過拍賣的方式成為正式的妻子。

巴比倫人當中有錢而想結婚的，便相互競爭以求得到最美麗的女孩，但一般的平民求偶，大多不太在乎女孩美麗與否，便娶那些長得不漂亮可是帶著錢的女孩。因為習慣上，當拍賣人把所有最美麗的女孩賣完之後，他便把那最醜的女孩，甚至有時是一個跛腿的女孩叫出來向男子們推介，問他們之中誰肯為了最小額的奩金而娶她。如果有哪個男子願意因這最小的奩金而娶這個女孩，那麼，拍賣人將用出售美麗女孩的錢來償付醜女孩的這筆奩金。這樣一來，美麗的女孩便承付了醜女孩或是跛腿女孩的奩金。

私下裡，誰也不允許把自己的女兒許給她喜歡的男子。任何人如果不能真正保證把他買到的女孩當作自己的妻子，他是不能把她帶走的。然而，如果發現他們兩人不能接受彼此的話，則規定要把付出的錢退回。如果願意的話，人們甚至可以從別的村落到這裡來買女孩，這個風俗被希羅多德認為是當時所有風俗中最好的。

男女雙方的權利與義務

女子在結婚前由其父親保護監管，其父可以自由決定其婚姻；如果父親不在，則由其兄長做主。如果一個女子因其父欠債而作為抵押品到債主家做工，其婚姻仍由其父或兄長決定；如果其父或兄長都不在，其婚姻就由債權人決定。

男方通常交給他未來的岳父一筆當作女方身價的費用，此外，男方還需向女方送聘禮。女方從她的父親處取得嫁妝，嫁妝後來就轉歸男方。

在《漢摩拉比法典》中，對聘禮及身價有明文規定。法典的第一百五十九條規定：「倘自由民將聘禮送至其岳父家，交付聘金之後，見其他婦女，而謂其岳父云：『我不娶汝女』，則女子之父得占有其送來的一切財物。」第一百六十條規定：「倘自由民將聘禮送至其岳父家，交付聘金，而後女子之父云：『我不將吾女給你』，則女方應加倍歸還一切致送與彼的財物。」第一百六十一條規定：「倘自由民將聘禮送至其岳父家，交付聘金，而後其友誹謗之，於是岳父告訴新郎云：『你勿娶吾女』，則女方應加倍退還一切致送之物；而其友亦不得娶此妻。」

結婚前要舉行訂婚儀式，由女子未來的丈夫在女子頭上灑香水並獻上禮物。這以後，女子就成為其未來丈夫家中的一員。如果男方死了，她將嫁給他的兄弟；如果男方沒有兄弟，她就嫁給他的近親。相反，如果女方死了，男方又不想娶她的姐妹，那麼男方就要收回所有的聘禮（除糧食以外）。

到了婚期，女方家長將新娘交給新郎，新郎在證人面前揭掉新娘的面紗，並鄭重宣布：她是吾妻。結婚要有正式婚約，這樣婦女才能獲得「妻子」稱號。

一夫一妻制是美索不達米亞名義上實行的婚姻制度，家庭主要成員是丈夫、妻子和子女。但實際上，丈夫可以有妻子，也可以有妾。妾與妻子相比，地位較低，往往來自女奴。妾必須尊重並服侍法定妻子，即便為主人生有子女的女奴，如自視與女主人平等，也可能受到懲罰。當妾與法定妻子一起上街時，才有權戴面紗。「妻子」這一稱號只屬於丈夫的法定妻子，在丈夫把面紗戴到她頭上那一刻起，她就是他的妻子了。

在家庭關係中，夫妻地位是不平等的，丈夫占絕對統治地位。丈夫如果對妻子不滿意只要把她的嫁妝還給她，並說：「你走吧，我不要你這樣的妻子!」就可以休妻了。但妻子不能對丈夫說「我不要你這樣的丈夫」。不育、通姦、性格乖戾、不會持家等都是丈夫休妻的理由。

丈夫不但可以休妻，還可以置妻於死地。因為法律規定：「為人妻者，如懶惰、放蕩、不顧家或輕忽子女，均可溺斃之。」這反映出婦女地位的低下。

當然，法律也適當保護婦女的權益。例如，法律規定，妻子雖然不能申請與其丈夫脫離關係，但如果她能證明其丈夫毫無理由虐待她或者有外遇，均可攜其嫁妝及應有財產回娘家居住。而這項權利，英國女性直到十九世紀末才獲得。此外，如果丈夫應徵入伍或經商在外超過一定年限而妻子生活無著時，妻子可以與別的男人姘居，而丈夫不得以此作為理由休妻。

婚姻與性行為

婚前性行為在古巴比倫時期較為普遍，男女之間同意就在一起，不同意隨時可以分開。與有婦之夫同居的女性，身上要戴一橄欖枝作為標誌。以表示她的身分是妾。不過，一旦結婚，性關係就不能隨便了。《漢摩拉比法典》規定，有夫之婦與人通姦者，姦夫淫婦應行溺斃。

當一個巴比倫人和他的妻子交媾以後，他們兩個便焚香對坐，到天明的時候，他們便沐浴。在他們沐浴之前，他們是不用手接觸任何器皿的。

巴比倫人還有一個奇特的習俗，這就是每一個婦女在她的一生之中必須有一次到阿芙蘿黛蒂的神殿的聖域內和不相識的男子交媾。許多有錢的婦女，她們自視身分高貴而不屑於和其他婦女混在一起，便乘坐著雙馬拉的帶圍簾的馬車到神殿去，她們身後還跟著一大群僕從。但是大多數的婦女是坐在神殿的域內，頭上戴著帽子；這裡總有大群來來往往的婦女。在婦女中間，四面八方都有用繩子攔出來的通路，而不相識的男人們便沿著這些通路走來做他們的選擇。

一經選好了位子，這個婦女在有陌生男子把一個銀幣拋向她的膝頭並和她在神殿外面交媾之前，是不能離開自己的位子的。但是當男子拋錢的時候，他要說這樣的話「我以女神的名字來為你祝福」。銀幣的大小多少並無關係。婦女對這件事是不能拒絕的，否則便觸犯了神的律條，因為一旦用這樣的方式拋出去的錢幣便是神聖的。當她和他交媾完畢，也就是在女神面前完成了任務以後，她便可以回家去。從這個時候開始，不管再出多少錢，便再也不能找到她了。因此，那些美貌婦女很快便可以回去，但是那些醜陋的必須要等很長的時間才能夠履行神聖的規定。有些人不得不在神殿的聖域內等上三四年。

相關連結——古巴比倫的「神妓」

根據泥板的記載，在幾千年前的美索不達米亞，就已經出現了妓女這個行當。著名的《吉爾伽美什》史詩中就曾描繪了吉爾伽美什的朋友恩奇都如何與妓女尋歡作樂的故事。不過，那時的人似乎並不覺得這是一種恥辱。這種特殊的道德觀念可能與美索不達米亞的宗教觀念有關。

在美索不達米亞，女人是屬於神和神殿的。因此，賣淫是常見的現象，為社會認可，甚至是神聖的活動。到古巴比倫時期，這種風氣更盛，以至《漢摩拉比法典》專門提及。這種類型的妓女被稱為「神妓」，或者叫「愛的女神」。

「神妓」是由「坐廟禮」演變而來的，她們不准有職業，也不准有丈夫，結婚就意味著退休。地位較高的妓女在神殿裡有一處住所，其他妓女必須住在外面。她們一般在大街上、十字路口等公共場所「巡行」招徠顧客。做生意的地方不在神殿而在旅館，通常是在街市最熱鬧的地方。旅館的主人往往有一套取悅「愛的女神」的特殊儀式，目的是為了讓她們招徠更多的顧客。到亞述時期，規定妓女要有識別的標誌，由於那時的良家婦女必須戴面紗，因此不戴面紗的就是妓女。如果發現有妓女也戴面紗，一旦發現，將處以重打五大板的處罰。

神妓帶給巴比倫各個神殿滾滾財源，巴比倫一些金融機構因此發展起來。這種習俗在整個西亞都相當普遍，不只是巴比倫，以色列、腓尼基、敘利亞等地都有。在利底亞和賽普勒斯，少女賣淫賺嫁妝，是當時公開的祕密。後來這一習俗傳到歐洲，十六世紀教會妓院據說就來自巴比倫的「神妓」習俗。

摩亨佐・達羅文化遺址之謎

古印度是四大文明古國之一，其早期的青銅文化遺存為哈拉帕文化，其中最著名的有摩亨佐・達羅、哈拉帕等文化遺存，而摩亨佐・達羅最為人們關注，因為在它身上充滿了種種謎團。

哈拉帕文化的發現

哈拉帕文化是從印度河流域發掘出來的，那裡曾是古代文明的發祥地。一九二〇年代，在英國著名考古學家J．H．馬歇爾的領導下，科考人員對哈拉帕文化前後發掘了近十年，並出版了《摩亨佐．達羅及印度河流域文明》一書，首次較完整的敘述該地區的古代文化。

到了五〇年代，曾任印度考古局及巴基斯坦考古學顧問的英國著名考古學家M．惠勒，又更加深入調查和研究哈拉帕文化，並出版了《印度和巴基斯坦》、《印度河文明》、《印度河流域及其周圍有關的文明》等書。從一九六四到一九六五年巴基斯坦考古學家與美國考古學家再次聯合發掘哈拉帕文化，透過詳細鑽探，專家們對遺址做了測定，基本上弄清了哈拉帕文化的時間。

摩亨佐．達羅遺址

在哈拉帕文化遺址當中，其中面積最大、保存較好的，就是摩亨佐．達羅遺址。

摩亨佐．達羅城市遺址位於印度河下游，在今巴基斯坦信德省境內。城市的總體規劃非常先進而又極為科學，在當時可謂土木工程中的一項偉大成就，無怪乎很多人將其稱為「青銅時代的曼哈頓」。這座最能代表印度河古文明鼎盛的城市遺址，在被埋沒了幾千年之後，終於在二十世紀浮出了水面。

摩亨佐．達羅城牆堅固、街道整齊、建築物宏偉，其結構由衛城和下城兩大部分組成。衛城是最高統治者居住、開會和宗教活動的場所，四周有高厚的城牆和塔樓，均用燒製的磚石砌成，城南北長四百公尺，東西寬兩百公尺，城牆地底和高都在十公尺以上。衛城的中心是一個長方形的大浴池，長約十二公尺，寬約七公尺，深約二點五公尺，是宗教活動的場所。浴池的東北部是一組較為宏偉的建築群，其中最大的大廳長達七十公尺，寬二十四公尺，是最高統治者居住的地方。浴池的西部還有座規模較大的糧倉，南部則是以會議廳為中心的另一組建築群。

下城則是居民區，雖然不如衛城建築宏偉，但街道整齊、縱橫平直，最主要的大街寬在十公尺以上，街道兩旁的房屋也是鱗次櫛比，相當有規則。

從衛城、下城兩者之間的比較來看，雖然都是磚石建築，但在規模、設備、品質等方面都存在著明顯的差別。富人所居不僅樓房高大、房間很多，而且有著完善的排水設施。而貧民住宅區卻是簡陋低矮的茅舍。透過這點可以明顯看出當時社會貧富分化、階級對立的狀況。

在摩亨佐．達羅出土的文物中，既有精美的陶器、陶製的雕像和帶有文字的印章，還有青銅製成的武器，包括劍、矛和箭頭等，青銅工具有斧、鋸、鐮、刀等多種。青銅舞娘像在所有出土文物中是一件藝術水準很高的珍品，像高十點五公分，形象逼真。青銅器的加工過程不僅掌握了鍛打、鑄造技術，而且還使用了焊接法。

然而，這一偉大的文化遺址究竟是誰創造的呢？這個問題至今仍是個謎。

對文化遺址的探究

關於摩亨佐．達羅文化遺存的創造者是誰這一問題，各國的專家學者都紛紛提出了不同的觀點，大致有以下三種觀點：

兩河流域輸入說：持這種觀點的專家認為，兩河流域，即西南亞底格里斯和幼發拉底兩河流域平原，海拔兩百公尺以下，在敘利亞東部和伊拉克境內。在歷史上，兩河流域是世界上著名的古文明發祥地之一，曾建有巴比倫、亞述等古國。而從摩亨佐．達羅興旺的時間和文化特徵來分析，應該與兩河流域的文明密切相關，摩亨佐．達羅應該是受了兩河流域文明的極大影響才建造起來的。

雅利安人創造說：雅利安人是歐洲十九世紀文獻中對印歐語共同體的各族人民的總稱。從對印度和波斯古文獻的研究中可知，遠古時在中亞地區曾有一個自稱「雅利安」的部落集團，主要從事畜牧，善長騎射，有父系氏族組織，崇拜多神。西元前兩千年到西元前一千年間，其中的一支南下定居印度河上游流域，一支向西南進入波斯，另一支遷入安納托力亞。而從摩亨佐．達羅文化遺存的發掘地來看，正是印度河流域，也就是一支雅利安人所居之處。另外，從摩亨佐．達羅出土的工具來看，可以推知其為一個畜牧民族。因此，摩亨佐．達羅極有可能是雅利安人創造的。

達羅毗茶人創造說：很多研究者認為，居住在當地的原始達羅毗茶人創造了摩亨佐．達羅文化。原因在於：達羅毗茶人主要居住在印度南部、中部和斯里蘭卡北部地方，共約一億人，是印度古老的居民，有相當高水準的文化。只有這樣，達羅毗茶人才能在當地創造了摩亨佐．達羅文化。其次，在現在的印度東南部區域內，曾出現過一個古國——達羅毗茶國。據《大唐西域記》第十卷記載，其都城為建志補羅，西元七世紀前期唐代高僧玄奘曾到此。從摩亨佐．達羅都城遺址來看，兩者有著淵源關係。此外，出土的青銅舞娘像形象逼真，與現在印度的達羅毗茶人極為相似。正是因為對本民族的熱愛，才塑造出了這樣經典的形象。

關於摩亨佐．達羅文明衰亡的原因，有學者認為，這主要是由於當時人們不認識自然界生態平衡的規律，大量砍伐森林，造成水土流失，印度河淤塞，河床升高，氾濫成災，因而造成摩亨佐．達羅文化的逐漸消亡。近來，對此又有了新的解釋：距摩亨佐．達羅不遠的地方是一個地震中心，大約在西元前一千七百年發生過一次地震，並引起了水災，由此導致了摩亨佐．達羅城的毀滅。

不過，對於摩亨佐．達羅文明的眾多爭論還在繼續，還需要研究工作者進一步的考察和探究。

歷史側影——烏魯克

位於美索不達米亞南部（即蘇美）的烏魯克被稱為世界上最早的城市，其歷史可追溯到西元前四千年。至西元前三千三百年，烏魯克就已擁有四萬人口。城市的中心是豐饒女神伊絲塔的地界，包括一個有宏偉的柱形門柱的庭院入口，庭院地面上裝飾著圓錐體馬賽克——即將頂端染色的錐形黏土按進土磚表面構成的圖案。烏魯克豐饒女神伊絲塔的神殿（還包括其他蘇美城市的神殿）以及天空之神地界內的神殿，都建在高高的土磚平台上，沿著台階拾級而上。

神殿所在地也是行政中心，在烏魯克，文字最初就是在這裡被使用的——數字和符號被刻在泥板上，以記錄神殿棧房內流進和流出的食物、動物以及紡織品等。

到了西元前兩千八百年，烏魯克的規模已經發展到原來的兩倍還多，堅固的護城圍牆繞城市修建起來。據史詩記載，城牆為傳說中的國王吉爾伽美什所建，他對伊絲塔的權利進行了挑戰——這一傳說反映出該時期美索不達米亞的很多城市都出現了國王與祭祀的權利紛爭。在敵對城市國王基什圍攻烏魯克時，吉爾伽美什也領導了烏魯克的保衛戰。吉爾伽美什遠征迪爾穆恩（巴林群島）和阿曼諾斯山的故事，都反映出烏魯克參與了國際貿易活動，烏魯克開始從阿曼諾斯山進口雪松。

哈拉帕文明的祕密

二十世紀初，人們普遍認為，在印度語系民族到來之前，印度是沒有歷史的。然而在一九二二年，考古人員在印度河流域偶然發現了一處奇特的文明遺址。而這一發現，也將印度的歷史整整提前了一千五百多年。

經過數十年的發掘，整個印度河流域至今已經發現各種城鎮遺址兩百多處，其範圍西起伊朗邊境，東到德里，北至喜馬拉雅山，南臨阿拉伯海，占地面積約為一百三十萬平方公里。這一文化以南的摩亨佐．達羅和北部的哈拉帕為中心，被稱為哈拉帕文明。

哈拉帕文明的農牧業發展

哈拉帕文明中的農業發展很好，因為考古人員在哈拉帕文明遺跡中發現了許多當時所用的工具，如鐮刀、鋤具等。而當時人們的主要栽培作物，則是小麥和大麥等田間作物。此外還有椰棗、果品等，也是人們的常用食物。

除了農業高度發展外，牧業發展也很不錯。當時的人民已經能夠馴養羊、牛等動物及各種家禽。

領先世界的城市文明

哈拉帕文明的最重要特徵就是他們的城市文明。哈拉帕與摩亨佐．達羅和甘瓦里瓦拉是當時最大的三座城市。尤其是哈拉帕與摩亨佐．達羅兩處城市遺址，規模非常巨大。然而考古人員在這些城市遺跡中並未發現規模宏大的王宮式建築，因此考古人員推測，當時可能還未曾形成至高無上的王權。

哈拉帕文明中的城市建築和規劃在當時看來是最先進和最科學的。古城中的建築物都是使用火磚砌成的。在這裡，人們可以看到五千多年前留下的高達近八公尺的城牆。這裡的住宅也是大小不一，大的住宅裡面有許多大廳和房屋。凡是多房間的住宅，還都會有幾間面向中央的庭院，另一扇側門則通向小巷。在這些住房的中間，最突出的就是一幢包括許多間大廳和一個儲存庫的建築物，這可能就是當時摩亨佐．達羅城的國王或首領居住的地方。

此外，還有不少兩層樓的房屋，下層多是廚房、浴池，上層則是臥室。這些顯然都是屬於有錢人家的住宅。不過，考古人員至今也沒有確定究竟哪一座建築是宮殿或者神殿。

古城裡的大多數住宅都有水井和整潔的浴室，還有一條修得很好的排水溝。大大小小的住宅多數都是在外牆裡面裝有專用的垃圾滑運道。人們可以把垃圾倒入滑運道內，使之滑到屋外的街邊小溝中；小溝又連接下水道系統，從而將垃圾運入下水道。如此複雜的汙物和汙水處理系統出現在那個時代，可見當時的文明是多麼繁榮。

哈拉帕文明消失之謎

高度先進的哈拉帕文明出現得很突然，然而消失得也很突然，以至於後來的印度文獻對此毫無記載。

對於哈拉帕文明衰落及消失的原因，專家們提出了許多假說。

第一種假說認為，哈拉帕文明是由於外族人入侵毀滅的。持這種觀點的專家認為，在西元前一七五〇年左右，一批外族人，也就是後來的雅利安人，出現在了兩河流域。在激烈的對抗中，哈拉帕城遭到了毀滅性的打擊。在摩亨佐．達羅城遺址中，考古人員曾發現了大量被殺戮者的骸骨。不過，這種觀點並沒有確鑿的證據，也只是一種假說而已。

第二種觀點認為，哈拉帕文明的衰亡是由於自身缺陷導致的。這主要表現在農業對河流補給的過分依賴，而城市的快速發展，需要農業的擴大再生產，但當時還沒有產生現代農業的經營策略，只是盲目地擴大耕地面積，導致農業最終遠離河流，無法正常生產。如此一來，人口也逐漸減少。不過，這種觀點有一個很大的缺陷，那就是這樣的結果只會導致哈拉帕文明逐漸消失，而不是突然消失，因此這種說法也不太能夠得到人們的認可。

還有一種說法認為，哈拉帕文明的破壞歸於自然災害，比如大面積的城市沙漠化、地震、洪水等災難等，都可能會引起生態的巨大變化，從而毀滅了哈拉帕文明。當然，這也僅僅是一種推測。

不論如何，以上觀點都是假說，都沒有找到確鑿的證據。總之在哈拉帕文明消亡後，印度文明出現了短期的暫時倒退。然而這種倒退並沒有持續太長時間，此後的雅利安人來到這裡，很快就又創造了印度文明史上的又一個文明高峰。

相關連結——愛美的古印度人

考古學家透過研究發現，在新石器時代，印度人就已經開始佩戴手鐲了。而且無論貴賤貧富，印度的婦女都有手鐲，只不過質地和價值不同而已。

印度河流域的人都喜歡穿緊身的棉質長衣，通常情況下肩上還要披上一塊棉織品，頭上再戴上頭飾或頭巾，一些貴族還會在腳踝處繫上鈴鐺。不僅女士注重自己的外表，男士對美也有很高要求。他們將自己的鬍鬚染成各種式樣，每天洗澡時還要噴灑香料，甚至也會像婦女一樣戴上耳環。即使作為祭祀的僧侶也不例外，不僅有頭飾，還會在長袍上做些適當的裝飾，比如鑲嵌上美麗的圖案，或者染上漂亮的顏色等。

兩河流域的泥板文書

兩河文明是人類歷史上最古老的文明之一。古希臘人將兩河流域稱為「美索不達米亞」，意思是「兩河之間的地方」。

歷史上認為，美索不達米亞又可以分成兩個部分，南邊的部分被稱為巴比倫尼亞，北邊的部分被稱為亞述。就今天來說，兩河流域就相當於今天的伊拉克一帶。

兩河文明的出現

兩河文明時代最早的居民就是蘇美人，他們在西元前四千年以前就來到了這裡，兩河流域的最初文明就是他們建立的。後來的阿卡德人、巴比倫人、亞述人以及迦勒底人等，都繼承和發揚了蘇美人的成就，使兩河文明成為人類文明史上重要的一頁。其中巴比倫人的成就最大，因此，兩河文明又被稱為巴比倫文明。

現代人對古代各國的歷史了解，主要依靠的都是文字記載。中國的漢字是世界上最古老的文字之一，至今已有六千年左右的歷史了。而在世界其他地方，也發現了古代文字，主要有三種：埃及人在西元前三千五百年左右就使用圖畫式的象形文字，西元前一千多年腓尼基人發明的字母文字，再來就是古代蘇美人和巴比倫人使用的楔形文字了。

楔形文字的發現

對楔形文字的辨認，和對埃及象形文字的辨認過程極為相似。這件事還要追溯到兩千五百多年前。

西元前五二二年三月，當時的波斯皇帝岡比西斯率領數十萬大軍遠征埃及。其中有個名叫高墨達的僧侶，冒充被岡比西斯處死的皇弟巴爾迪亞的名義，在波斯各地和米底王國發動了叛亂。叛亂持續了半年之久。不幸的是，皇帝岡比西斯在返回波斯的途中病死了。一時間，波斯貴族們群龍無首。這時，一個叫大流士的貴族以陰謀手法得到了皇位，並最終平定了叛亂。為了稱頌自己的功績，大流士就讓人將他平定叛亂的經過刻在米底首府埃克巴坦那（今天伊朗哈馬丹）郊外貝希斯敦村附近的一塊大岩石上。這就是著名的貝希斯敦銘文。

貝希斯敦銘文上面也刻著三種文字：古波斯文、楔形文字和新埃蘭文。一八三五年，法國學者偶然間發現了這些銘文，並製成了拓本。一八四三年，他譯解了其中的古波斯文，然後，他又把這些翻譯過來的古波斯文與楔形文字對比，並終於弄通了這些楔形文字，從此便解開了楔形文字的謎團。

最古的楔形文字都是從右向左直行書寫的。但由於書寫不便，後來就把字形側轉了九十度，改成從左到右橫行書寫了。考古學家經研究發現，這些楔形文字是由蘇美人發明的。早在西元前四千年，他們在開發兩河流域的同時，就已經創造出了這種文字。

最開始，這種文字是象形文字的。如果要表示比較複雜的意義，就用兩個符號合在一起，比如「天」加「水」，就表示「下雨」；「眼」加「水」，就表示「哭」等。後來，他們又發展到可以用一個符號代表多種意義，比如「足」又可表示「行走」、「站立」等，這就是表意符號。

到後來，一個字形符號也能夠表示一個聲音了。比如「星」這個楔形字，在蘇美語裡發「嗯」音。如果用來表示發音的話，就與原來的「星」這個詞的含義沒有關係了，只表示發音，這就是表音符號。

泥板文書不同凡響

當時的蘇美人還不懂得造紙，因此他們的文字就用蘆葦或木棒削成三角形尖頭，然後刻在用黏土做成的長方形泥板上，然後再把泥板晾乾或者用火烤乾。這就是後來人們所說的泥板文書。

在古代埃及時期，文字剛剛進入圖畫文字或畫謎文字的時候，一般重要的文字典籍都會用泥板文書來記載。因為這類書寫材料比起莎草、羊皮紙、木材或一些鐵器、青銅等之類的書寫材料來說，具有兩個明顯的優點：一是可以隨時取用，且造價低廉；二是堅固耐用，可以持久保存。

開始時，蘇美人的泥板是圓形或角錐形的，不便於書寫和存放，後來他們便將泥板改為方形的。蘇美人的文字材料，大多數都是這樣刻在這類方形泥板上的。也正因為如此，才使得這些文字得以保存下來的。迄今為止，考古人員已在兩河流域挖掘出了數十萬塊這類泥板文書。由於蘇美人使用的都是蘆稈或木棒做成的、尖頭呈三角形的「筆」，所以落筆處印痕都比較深寬，提筆處則顯得較為細狹。後來，人們就把在兩河流域發現的這類古文字稱為了楔形文字。

楔形文字後來流傳到了亞洲西部的許多地方，豐富並促進了它們的文化以及它們之間的交流，為人類文明做出過重大的貢獻。西元前兩千多年，蘇美人的最後一個王朝衰亡之後，巴比倫王國便把這份寶貴的文化遺產繼承了過來，並使之發揚光大。

泥板是怎樣製作的

經研究發現，泥板的製作過程是這樣的：先用力揉搓黏土，然後根據需要做成大小不一的長方形狀，並把稜角磨圓。一般是一面較為平坦，而另一面則較為凸出。做好泥板後，就可以在上面書寫了。

書吏首先用細繩在上面畫好格子，然後用蘆葦筆或其他的書寫工具在泥板上刻字或畫圖。泥板的兩面其實都是可以刻字的，但為了避免書寫一面時把另一面擦掉，書寫時通常要先刻平滑的一面，然後再把泥板翻過來在凸出的另一面刻寫。小的泥板可以拿在手上刻寫，而大的則要放在特製的架子上書寫。

兩面都寫完之後，再把泥板晾乾或燒製，經過晒乾或火烤的泥板非常堅硬，印刻在上面的文字或圖案也可以長久保存。現在發掘出來的泥板，最古老的已有五千多年的歷史了，最近的也不會少於三千年的時間。

泥板雖然可以寫字，但是卻沒有辦法裝訂，所以如果一塊泥板寫不下一篇文章，那麼這幾塊泥板上都要有全書的標題和編號，而且下塊泥板一般要重複上塊泥板的最後一行字，以便讀者查尋。類似的泥板文書在尼尼微城遺址就發掘出兩萬多塊，目前總共約有數十萬塊被發現，內容主要涉及政治、經濟、文學、藝術等各個方面。

刻製泥板的工作在我們今天看來雖然繁瑣而繁重，但在當時來說，卻是很先進的、有水準的技術。並且，要想成為一個泥板工人，還需要不短時間的學習和鍛鍊呢。

泥板保存別具特色

泥板在經過晒乾和烘烤後，會變得非常堅固耐用，可以保存很長的時間，但存放起來卻並不十分方便。如果拿我們現在用的約五十頁的三十二開本的文字量寫在泥板上，重量就能達到五十公斤。因此，泥板的存放就完全不能像現代的書籍一樣。

存放在圖書館裡的文字版書，成套的泥板要用繩子捆起來，並附上標示這些泥板各自內容的一個小型的泥板塊，放在架子上或書庫裡；也有的是用籃子或泥壇、泥罐存放。一些重要的檔案或需要保密的書信，通常需要採用一種特殊的「信封泥板」來保存，也就是用另一塊泥板蓋在印有重要文件的泥板上，再用一些軟泥封住兩塊泥板的四邊，再蓋上印章，表示這塊泥板很重要。然後，再在外部泥板的表面刻上該檔的副本或內容概要。這種方法可以有效防止泥板的意外損壞或偽造篡改。

信件的保護也是這樣，把寫有信的泥板包上一層薄薄的黏土。收信人在接到信後，只要把這層黏土去掉就可以讀到信件的內容了。雖然剝落外層黏土的過程也許不太輕鬆，但至少這種方式很安全。

泥板文書的創製和保存過程與中國製陶比較相似，人類的文明就是如此奇妙的互相感應著。泥板文書的創建，也展示了人類智慧的結晶。但是，關於泥板文書的創製裡仍然有很多沒有解開的問題，比如泥板文書的材料要怎樣調製？泥板文書在長久的保存過程裡遇到水以後字體的扭曲會不會使釋讀產生誤解？如果有，這一問題又是怎樣解決的呢？這些難以解釋的問題，還有待於研究的進一步深入。

相關連結——泥板書屋

一九三〇年代，法國考古學家在兩河流域上游的名城馬里中，發掘出了一所房舍。這所房舍被認為是迄今為止發掘出來的世界上最早的學校。這所「學校」包括一條通道和兩間房屋，大間房屋長四十四公尺，寬二十五公尺；小間面積約為大間的三分之一。大間內排列著四排石凳，可以坐四十五人左右；小間排列著三排石凳，可以坐二十人左右，很像一所學校的教室。不過，在房舍中並沒有發現教師授課用的講台，但卻發現了很多泥板，研究人員稱這些應該是學生的作業。

因為這所房舍靠近王宮，附近還有許多泥板文書，所以考古人員認為，這應該是當時的一所學校，建造時間應在西元前三千五百年左右。如果這一推斷正確的話，那麼這所學校就是世界上最早的學校，要比古埃及於西元前兩千五百年出現的宮廷學校早一千年左右。

研究發現，蘇美學校在課程設計上，大體上分為三類，即語言、科技知識和文學創作。語言是最基礎的課程，首先要學蘇美語，以便適應神殿祭祀和宗教活動的需要。蘇美語在當時是顯貴階層的語言，懂得蘇美語也被視為有學識、有教養的標誌。除此之外，學生們還需要學習一些計算、幾何及其他科學知識。

美索不達米亞的生活方式

古代歐亞大陸諸多的文明生活方式，與它們早先的新石器時代文化，都深受地理環境的影響。就美索不達米亞來說，它的地理位置影響表現較為明顯，因為這裡經常遭到外族侵略；而這一地區自古迄今的發展，又與它一次次遭受的外來侵略分不開。

事實上，美索不達米亞的歷史，在很大程度上都來自於北方的入侵者印歐人和來自南方的入侵者閃族人。他們為了爭奪這塊肥沃的大河流域，展開了長達數千年的鬥爭。而這些鬥爭，也就構成了美索不達米亞的歷史。

創建了第一個文明的蘇美人

最早的美索不達米亞文明創建者蘇美人在美索不達米亞的南部開掘了溝渠，依靠非常複雜的灌溉網成功利用了底格里斯河和幼發拉底河湍急的河水，創建了第一個文明之地。

到了西元前三千年時，在蘇美地區就已出現十二個獨立的城市國家。比較著名的如烏魯克，它占地四百四十公頃，人口約達五萬。各個城市國家為了爭雄稱霸，相互之間征戰不休；戰爭愈來愈專業化，人們也為此付出了昂貴的代價。而戰爭的結果，也大大削弱了蘇美人的力量，使他們臣服於閃族人。閃族人的著名領袖薩爾貢一世，就是作為第一個帝國的奠立者而在歷史上聞名。薩爾貢一世以阿卡德為基地，最早征服了整個蘇美地區，然後又向遠方地區進犯，最後建立了一個從波斯灣到地中海的龐大帝國。

巴比倫帝國的建立

在當時，阿卡德帝國屬於一個幅員非常廣大的國家，然而它的壽命卻並不漫長。從伊朗前來的新的入侵者，很快就打敗了薩爾貢一世的孫子，並讓阿卡德帝國從歷史上消失了。於是，蘇美人的城市國家又一個個重新出現，並享有了一定程度的獨立，直到烏爾城邦崛起，建立起一個純粹的蘇美人的帝國。這一帝國從西元前二一一三年到西元前二〇〇六年，維持了近一個世紀。

在這期間，一批閃族游牧民又侵入了兩河流域，在他們著名的統治者漢摩拉比的率領下，經過長期征戰，建立起了巴比倫帝國。而這種連續入侵的方式也一直持續到近代。

蘇美的城市文明和商業文明

儘管這些帝國都很富有，但古代美索不達米亞的文明實質上還是城市文明和商業文明。城市的最基本單位，就是每個城市都尊奉一位主神，而城市也被看作是屬於主神的一個神聖存在物。在當時來說，寺院和國王屬於最大的富豪，但也有許多私人的資本被投入到土地、手工業、商業冒險和放債當中。而大多數平民，都只能依靠做農夫、工匠、商人、漁民和養牛等方式來謀生的。每個城市當中，都有一個手藝人階層，包括石匠、鐵匠、木匠、陶工和寶石匠等，他們在自由市場上出賣自己的手工藝品，買主支付貨幣或以實物代貨幣。貨幣通常都是銀環，每次交易後，人們都需要秤一下分量。

城牆的外面，就是大面積的農田了。城市居民的生活最終都取決於這些農田的收成。通常來說，大部分土地都是以大地產的形式被占有的，占有者當然是國王、祭司和一些富人了。他們把自己占有的土地劃分為小塊的配給地，然後連同種籽、農具和耕畜等一起分配給為農人。而農人則提供勞動、自行經營，然後再把地裡生產出來的剩餘產品繳納給寺院、宮廷或地主等作為報答。

當時的基本農作物就是大麥和小麥，其次還有一些蔬菜和水果，如蠶豆、豌豆、大蒜、韭蔥、洋蔥、小蘿蔔、黃瓜、甜瓜、椰棗、石榴、無花果和蘋果等。而飼養的牲畜主要是羊和母牛。羊可以提供羊毛，而羊毛又是美索不達米亞主要的組織纖維。

在經營地產時，人們都需要記帳，比如從佃耕的農人那裡收到的地租、牧群的頭數、牲畜所需飼料的量、下次播種所需種子的量，以及關於灌溉設施和灌溉計畫的一切複雜細節等，都是需要上帳或記錄的。人們在管理事項和帳目時，就是用削成三角尖頭的蘆葦桿當筆，刻寫在泥板上保存的。這種最早的文字形式顯然不是為了智力活動才發明的，確切來說，這是經營管理時的一種常用工具。

蘇美人應日益複雜的各種社會需要，不僅發明了文字，還發展了數學和其他一些學科。在最早的數學文獻中，他們記述了對牲群的計算、對穀物的計量和對土地的測量。他們的傑出貢獻，就在於發展了最早的計時、計量、測量距離和面積等各種方法。而且，早在西元前三千年時，他們就已經在仔細觀察和記錄天體運動了。之所以這樣，是因為他們認為諸神的意志決定天體的運動，弄清了天體運動，人類就能洞察神的旨意，做出相應的行動。因而在許多世紀中，美索不達米亞的占星術家都積累了大量的天文資料，這些資料後來也被用於發展科學的天文學。

美索不達米亞的法律制度

為了能夠控制人們，美索不達米亞的領導者們也試圖透過編制完備的法典來達到目的，其中漢摩拉比法典就是其中最傑出的一部。此後，這部法典也成為閃族人其他各族，如迦勒底人、亞述人以及希伯來人等制定法律法規的基礎和參考資料。

在漢摩拉比法典的開頭，是漢摩拉比的一篇引言，稱古時諸神早已預定，巴比倫國就是世界上最至高無上者，因此巴比倫應擔負起「讓正義之光照耀整個大地，消滅一切罪人和惡人，使強者不能壓迫弱者」的使命。在引言下面，就是法典的正文了，共三百條左右，主要是為明確、永久的調整一切社會關係而服務的。因此，這部法典不僅闡明了古巴比倫的法律制度，也照亮了當時的社會。

新知博覽——亞述人為何好戰

亞述人是居住在兩河流域北部（今伊拉克的摩蘇爾地區）的一支閃族人，更確切來說，他們是與非閃族人融合了的閃族人。在人種上，亞述人有許多閃族人的特點：長臉鉤鼻、黑頭髮、多鬍鬚、皮膚黝黑。而他們最大的特點，是比其他游牧民族更崇尚武力，更喜好窮兵黷武。

有人認為，亞述人對人類歷史最大的貢獻，就是他們的戰爭藝術。亞述國家的政治、經濟、文化等，都帶有濃厚的軍事色彩。現今發現的亞述時期留下的浮雕作品，幾乎都是與軍事有關的，而亞述人的軍隊也是整個西亞最強大的。亞述的軍事力量之所以強大，一是因為他們的軍事理念和軍事素養，在亞述人的觀念中，國家和軍事幾乎是同一個詞，或者說，國家就是一架巨型的戰爭機器，維持一支龐大的軍隊和進行對外擴張是國家的首要任務；二是他們的作戰技術，在幾千年前，亞述軍隊就有騎兵、步兵、工兵等各兵種，作戰時他們會將這些兵種編組，並使其發揮各自的威力；三是因為他們擁有先進的武器和優良裝備，比如鐵製武器，就使亞述人的擴張幾乎具有戰無不勝的威力。在亞述國王薩爾貢二世王宮的一個武器庫裡，發現了近兩百噸的鐵製武器，如鐵劍、弓箭、撞牆錘、戰車、盾牌、盔甲等。

有了這些條件，亞述軍隊在整個西亞可謂縱橫馳騁，幾乎無堅不摧。可以說，亞述人也是恐怖主義的始作俑者。據歷史記載，亞述士兵所過之處，常常屍橫遍野，血流成河。而且這種記載並非來自敵方的傳說，而是亞述人自己所做的記載。這一切說明，在亞述人看來，這些行為並不是殘暴，而是體現了亞述人的英勇無畏，是一種榮耀。

關於亞述人的戰爭愛好，研究人員認為，亞述人是一支出色的武士民族，並非因為他們在種族上不同於所有其他的閃族人，而是因為他們自己的環境有特殊條件。亞述的國土資源很有限，而且常常還要受到周圍敵對民族的威脅，這些現實問題也養成了他們好戰的習性和侵略的野心。因此，亞述人對土地貪得無厭，而且征服得越多，就越感到只有靠征服才能保住自己已經獲得的一切。每一次成功都刺激著他們的野心，使黷武主義的鏈條拴得更牢。

日本的書法起源於何時

多數人認為，書法是中國的獨有藝術，其實在東鄰日本，書法也是人們喜愛的、具有民族特點和風格的一門藝術。

日本書法的源頭

日本的書法被稱為書道，顯然這是從中國傳過去的。書法藝術自古盛行於中國，後來普及到朝鮮、越南和日本等地。那麼，中國的書法藝術是從什麼時候開始傳入日本的呢？

一種說法認為，日本書法藝術是透過朝鮮由中國傳過去的。據《日本書紀》記載，應神天皇五十八年，朝鮮百濟國使王仁進獻了《論語》十卷和《千字文》一卷，帶去了系統的漢字和漢文的典籍，因此這算是日本人學漢文的真正開始。後來，王仁的子孫被同化為日本人，住在大和、河內等地，擔任祭掃、出納等職位。而到了推古天皇的朝代，日本便與中國的隋朝建立邦交關係，並派留學生和留學僧到中國學習。這些人歸國後，便帶去了中國書法。

另一種說法是，日本的書法藝術起源於奈良時代，祖師應該是王羲之。西元七五四年，中國僧人鑑真東渡，帶去了「二王」（王羲之、王獻之）的書法真跡，使「二王」書法在日本逐漸流傳。當時的上層人物對書法都很有興趣，人人都爭相模仿，其中聖德太子更是親筆抄寫了《法華義疏》，成為日本最早的書法作品。

可以說，日本在當時是全面吸收中國唐朝文化的，書道自然也不例外，他們甚至在大學寮裡設有書法博士，教學生學習中國書法，並出現了空海、嵯峨天皇、橘逸勢等一些著名的書法家。當時，身居「正倉院」的光明皇后書法造詣很高，也喜歡臨寫王羲之的書體。而她所臨摹的《樂毅論》，一直被後人視為書法的精品，這對於日本書法的形成和發展起了很大的促進作用。當時日本書法界人士崇拜王羲之簡直到了頂禮膜拜的程度，甚至後期的假名書法也深受王羲之書法藝術的影響。

還有一種說法認為，書法藝術是日本高僧空海從中國帶過去的。空海（西元七七四到八三五年）生於日本寶龜五年（西元七七四年）六月十五日，自幼就有神童的美譽。十五歲時，空海隨舅父阿刀大足學習漢文文章、史傳和儒家經典，十八歲時進入京都大學遼明經科研修儒學，從而打下了漢學修養的堅實基礎。由於喜好佛教，空海中途退學，到深山密林中苦修「懺悔」之法。

為了解明深奧的佛教教義，空海還入唐求學。抵達長安後，他以極大的熱情遍訪各地高僧，汲取了豐富的文化知識。西元八〇五年，空海投拜在長安青龍寺真言宗七祖惠果（西元七四六到八〇五年）的門下。惠果對這位才華橫溢且來自東瀛的出家人非常寵愛，為他授胎藏界、金剛界灌頂，接受密教的洗禮，並贈他以「第八祖遍照金剛」的法號，從而使空海獲得了密教正宗嫡傳的最高榮譽。

空海歸國後，將從中國帶回的大量物品獻給嵯峨天皇，其中除了佛教經典外，還有《歐陽洵真跡》、《大王諸舍帖》、《不空三藏碑》及其他詩文集等。由於興味相投，天皇經常召請他入宮，互相切磋書藝。空海雜糅王羲之的風骨、顏真卿的筆法，再加上自己的創造，形成了獨特的書法筆式，被稱為日本書法第一人，其代表作有《風信帖》、《灌頂記》等。而和空海志同道合的嵯峨天皇也是博學多才，喜好歐陽洵的書法，從而成為日本歐體書法中成就最大的一位，其代表作是《光定戒牒》。

西元八〇四年，嵯峨天皇與空海一起赴唐學習橘逸勢書法，也取得了很高的造詣。但可惜其真跡未能流傳至今，現存的《伊都內親王原文》，也是後人的摹品。

關於日本書法起源的其他推測

關於日本書法的起源，有學者認為，日本書法起源的時間應該還可以追溯得更早，日本現存最早記載有文字的實物是從「熊本江田船山古墳」中出土的大刀。據考證，這把上面刻有銘文的大刀是大約一千五百年前的東西。另外，像「偶田八幡人物畫像銘」和「法隆寺金堂師像光背銘」，以及「宇治橋斷碑」和「那須國造碑」等銘文碑文，也都是日本最早的文字。這些銘文碑文的書體，都與中國六朝時期的書體（即魏碑體）很接近。其後，一位名叫曇徵的朝鮮和尚，將製墨和造紙的技術傳進了日本，再加上當時外來的移民傳入了製筆的技術，從事書法藝術所需的各種條件逐漸具備了，墨跡書法也隨之出現了。

可以說，這段時期是日本書法藝術形成的萌芽時期。經過長時間的推廣和發展，到了十七世紀中葉，中國黃檗宗、名僧隱元等赴日，又帶了中國造詣很深的書法過去，使日本書道得到了極大的突破，出現了如北島雪山、細井廣澤等隱元流派的書法家。

到了清朝末期，從中國到日本的清朝公使館官員楊守敬，又帶去了一點三萬件拓本碑帖。這一貢獻也帶給日本書法劃時代的變化，因此楊守敬被尊為日本書道的現代之父。

如今，日本書道的普及面很廣，有三千多萬人在學習書道，占全國人口的四分之一。不僅如此，日本的很多學校從小學到大學都開設書法課，有四所大學還實行了書道本科四年的學制。

可以說，日本的書法藝術與中國的書法藝術是一脈相承的。隨著日本的政治、經濟和文化的發展變化，書道藝術也得到了發展，並逐漸脫離了傳統的模仿中國的書風，形成了與中國書法並駕齊驅的具有日本民族特點和風格的一門藝術。

相關連結——海灘上的巨型圖案

在日本有明海的海灘上，有一個巨大的錢形圖案。這個圖案酷似中國古代的錢幣造型，裡面的字體清晰可見，凡目睹此圖案的人無不稱奇。

據研究發現，這個具有立體感的錢幣圖案是由掘沙築成的。如果人們在海灘上正常行走，是根本發現不了這是個圖案，反而會誤認為這是一道道的沙溝。但是，當登上岸邊的一座山後再向下俯視，就會發現這所謂的沙溝所展示的，其實是一個巨大的錢形圖案；而且這個圖案與中國古代的銅錢極其相似。在圓圓的沙圈中心有個四方形的孔，方孔的四邊有「寬永通寶」四個大字。經過實地測量，人們發現這個圖案並不是絕對的圓形，而是一個周長三百五十四公尺，東西長一百二十二公尺、南北寬九十公尺的橢圓形。

那麼，這個巨大的錢形圖案是如何形成的呢？

有傳說稱，在西元一六三三年，即寬永十年時，當地居民為了迎接龍丸藩主來這裡巡視，一夜之間把掘沙建造起了這個圖案，並保存至今；還有傳說稱，在琴彈山頂當年曾有一座神殿，稱為「八幡神宮」。西元七〇三年，即大寶三年的一天夜間，八幡大神乘坐一艘會發光的船，從宇佐神宮飛到這裡，從此就出現了這個巨型圖案。於是，人們就修了這座神宮來祭祀八幡大神。

這些神祕的傳說讓人們不禁聯想到祕魯納斯卡平原的那些巨形圖案。巨型的圖案也是只有在高處才能看到，人們也認為圖案是宇宙人的傑作，因為地球上的人是根本造不出來的。

那麼這個錢形圖案是否真是宇宙人的紀念物呢？傳說中從宇佐來的大神，是不是從宇宙中來的外星人？所謂的發光船，是不是人們所發現的飛碟呢？如果真是這樣，那宇宙人又為何來地球造出這些錢形圖案呢？對這一連串的設想，人們很難找到證據來證實。這樣，人們又把眼光從宇宙收回到了地球，到遠古人類祖先那裡去尋找答案。他們認為，這個巨大的錢形圖案應該是地球人的傑作，是集體智慧的結晶。在創造這一奇蹟時，指揮者應該是站在海岸邊的琴彈山上，透過旗語來指揮海灘上眾多的人。這樣人們在統一指揮下，就可以完成這項巨大的工程了。只有這樣，他們所創造出的圖案實際上是橢圓形的，但站在山頂上所看到的卻是圓形，與錢極其相似。

儘管這一解釋比較合理，但人們還是不明白，這個錢形圖案究竟有什麼含義呢？它為什麼能在大海的波濤下長存而沒有消失？這些謎團，看來還需要進一步的探究。

曾經繁盛一時的西臺文明

一個曾視鐵為金的混合民族，一個獨具特色的文明古國，一個敢與埃及試比高下的好戰帝國……西臺王國在短短的四百年生存歷史中，曾與古巴比倫、米坦尼、埃及等國征戰不休。

然而，它興於戰爭也亡於戰爭，在西亞歷史上倏忽乍現，但也成為世界戰爭史上一道耀目的光芒。

帶來「鐵時代」的混合民族

西臺王國是西元前兩千年左右，在安納托力亞東部哈里斯河（今土耳其克澤爾河）上游興起的一支混合部落。這裡的原始居民本來是獨立的哈梯人，後來因為亞述人發動了戰爭，並強迫一支屬於印歐語系的涅西特人遷到這裡，形成了一些小的城邦。這些涅西特人又與當地的哈梯人融合起來，便組成了後來的西臺人。

安納托力亞屬於高原地區，那裡山巒迭起，盆地起伏。雖然西臺因地域資源有限，農業發展較慢，但山系間多儲存有銀、銅、鐵等豐富礦藏，遍地的林木有利於畜牧。所以，西臺人的冶鐵業與畜牧業相當先進。

西臺是個喜歡征戰的民族，而先進的冶鐵業與畜牧業更讓他們如虎添翼。無論哪代國王在位，都始終保持並鞏固著一支不低於三十萬的龐大軍隊。歷代國王繼位後，也都會全力發展冶鐵技術與馴養戰馬，以此來強化軍力。

在冶鐵方面，西臺王國可以說是西亞地區最早發明冶鐵術和使用鐵器的國家，也是世界上最早進入鐵器時代的民族之一。他們製造的短斧、利劍和弓箭等鐵兵器，都非常鋒利。尤其是戰車與精良戰馬的組合成陣，幾乎是所向披靡，從而成為西臺戰爭史上的制勝法寶。

西臺的冶鐵業也使得西臺王國將鐵視為自己的專利，不許外傳。而西臺的鐵匠自然也備受熱捧，成為各國爭搶的戰備人才。直到西臺國滅亡後，鐵匠們才四處分散，並將當時居世界先進水準的冶鐵技術傳播開來。到冶鐵技術傳入中國時，已是西元前六百年左右了。

高度發展的特色文明

在當時，西臺文明稱不上是高度先進，它的最高歷史成就是發現和使用了鐵，將冶鐵技術傳入世界。可以說，它是埃及文明、兩河流域文明和愛琴海地區諸文明之間的主要鏈環之一。

除了冶鐵技術外，西臺文明在語言文字與法律體系等方面也表現不錯。尤其在語言方面，自從亞述人將楔形文字傳入西臺王國後，西臺人便又創造了西臺楔形文字與另一套西臺象形文字。

在使用亞述人的楔形文字體系時，西臺人還保留了這種文字最有特色的要素：字元或表意符號、音節符號、限定詞和語音補符等。而與楔形文字不同的是，西臺楔形文字體系的音節表中只包括約一百三十個符號，象形文字大約有兩百二十個符號。其中五十六個是表音符號，其餘都是表意符號。因此，在現今已經發現的西臺文字中，楔形文字已被人們抄閱並翻譯，而象形文字卻始終沒有被破解。

法律在西臺王國發展也比較快。《西臺法典》是西臺王國的基本法，大約編纂於西元前十五世紀，也是現今保存比較完整的楔形文字典型代表。這是一部「重民輕刑」的法典，雖然維護的也是國王的權威，但卻比較溫和輕刑，比其他的法典更傾向於民。除對少數性質嚴重的犯罪規定刑罰外，一般都採用民事賠償、補償等方式來處理問題。而且，西臺的法律還允許女子和男子一樣擁有職業，享有美索不達米亞和埃及女性所享受不到的權力和自由。而西臺的王后也可與國王共用大權，甚至在史料記載中，西臺還有過王后單獨臨朝統治的歷史。

西臺王國的法律體系在當時可以算是非常寬容、民主和獨具特色的，是同時期其他國家所未曾達到的。可以說，這是一部值得世人稱道的法典，至今在全球都作為法律參照文獻之一。

西臺文明並不輸給埃及

西元前十八世紀晚期，西臺將哈梯人的屬地完全占領，第一代西臺國王就將這裡命名為漢梯沙，並把自己的名字改為「漢梯沙里」，意為「漢梯沙的國王」。

據史料記載，西臺最早的統治者是庫薩爾的皮哈納父子。在皮哈納統治的時期，庫薩爾毀滅了涅西特人的哈圖什城，他的兒子阿尼塔曾兩次戰勝皮烏斯提統治哈梯人的國家，並征服了普魯斯漢達。當另一位統治者拉巴爾納繼位後，征服了安納托力亞的東部地區，使西臺王國從地中海擴充到了到黑海。拉巴爾納二世，即哈圖西里一世，又征服了北部敘利亞的阿拉拉赫，占領了烏爾蘇和哈蘇兩座城市。

哈圖西里一世死後，在戰爭中被俘獲的奴隸們爆發了起義。在這個重要的時刻，摩爾西里一世指揮軍隊平定了這次暴亂，然後帶領軍隊遷都到了哈圖什。野心勃勃的摩爾西里一世繼位不久，就將戰爭的烈火引向了古巴比倫城。

依仗掌握最先進鐵製兵器的西臺軍隊，進攻古巴比倫時有恃無恐。西元前一五九五年，摩爾西里一世就一舉攻陷了古巴比倫城。

到了西元前十五世紀末至西元前十三世紀中期，西臺迎來了歷史上最強盛的新王國時期，《西臺法典》也在此時誕生。國王蘇庇路里烏瑪一世在位時，也像他的先輩們一樣崇武好戰，並在西元前一三八〇年利用米坦尼宮廷政變和叛亂之機，起兵攻占了米坦尼王國的首都瓦努坎尼，並毀滅了米坦尼王國。

西元前一三七〇年左右，蘇庇路里烏瑪一世又趁埃及無力東顧之機，率軍征服了敘利亞的中部部分地區。敘利亞領土上的數次大小戰役，也讓西臺與他們的矛盾急速加深，雙方之間的戰爭也不可避免。霍連姆赫布、拉美西斯一世、塞提一世、拉美西斯二世等，這些埃及新王國時期的法老們都相繼和西臺王國進行了長期激烈的戰爭，其中最著名、最為慘烈的一次戰役就是卡迭什之戰。

大約西元前一二九四年左右，埃及的十九王朝法老拉美西斯二世帶領軍隊兩萬餘人，戰車兩千輛，和西臺國王穆瓦塔里率領的軍隊約兩萬人，戰車兩千五百輛，在奧龍特斯河上游西岸的主要基地和軍事要塞卡迭什展開了殊死搏鬥。

這場戰役異常慘烈，卡迭什要塞血流成河，雙方死傷無數，兩軍都戰鬥到疲憊不堪時還是未分勝負。在此後的十多年裡，雙方之間也不斷發生一些小規模的戰役，而且仍是拉美西斯二世與西臺國王的直接對陣。

兩國前後大約戰爭了數十年，軍力損耗都相當嚴重。一直到西元前十三世紀前後，在西臺新王哈圖西里二世執政期間，才與當年的拉美西斯二世締結和約，兩國戰爭結束。條約規定：雙方實現永久和平，永遠保持「美好的和平和美好的兄弟關係」；雙方實行軍事互助，共同防禦任何入侵之敵；雙方承諾不得接納對方的逃亡者，並有引渡逃亡者的義務。這份和約的原文在埃及神殿和西臺檔案庫中都有保存，也是保留至今最古老的條約文獻，也可能是傳世最早、有文字記載的國際軍事條約文書。

到了西元前一二四六年，本來經濟基礎就比較薄弱的西臺國由於連年征戰更顯國力削弱。為了維持國力，哈圖西里三世便繼續採取和親政策，將自己的女兒嫁給埃及的拉美西斯二世，透過政治聯姻進一步鞏固了雙方的同盟關係。

但是，長年的征戰還是導致國力日漸衰落。到了西元前十三世紀末期，「海上民族」從博斯普魯斯海峽侵入西臺。看準機會，原本臣服的一些小國也開始借勢攻打西臺國。西臺國很快便土崩瓦解了，只殘餘下一些使用象形文字的西臺小國。到了西元前八世紀，這股弱小的西臺勢力也完全被亞述帝國消滅了。

相關連結——西臺的傳統文化

西臺文明的歷史成就並不僅限於他們最早發現和使用了鐵，還在於西臺充當了兩河流域和西亞西部地區文化交流的橋梁。某些文化成分就是透過這個橋梁從美索不達米亞傳到迦南人、西克索人中間的，有些甚至還傳到了愛琴海等島。

西臺人還有很多著名的文學作品，其中最主要是神話，包括一些根據蘇美人的創世和洪水傳說改編而成的神話作品等。

西臺的宗教活動主要包括占卜、獻祭、齋戒和祈禱等，但通常都不具備倫理意義。西臺國的宗教活動大多集中在奈里克城、茲帕朗達城、阿麗娜城和哈圖沙什城等地。其中，阿麗娜城和奈里克城是最重要的行祭禮活動的地方。前者是敬奉女神阿麗娜的地方，後者則是供奉農業神鐵列平的地方。

西臺人的雕塑作品也十分新穎而生動，尤其是雕刻在石壁上的浮雕作品。而城門和王宮門旁一般也都會雕有巨大的石獅，採用的建築材料多為巨石，這一特點也明顯優越於兩河流域的土坯。

神祕的非洲文明

曾經高度先進的古埃及天文學

古埃及文明是四大古文明之一。除了建築金字塔、獅身人面像及製造木乃伊而聞名天下外，古埃及人還發明了許多對後世影響深遠的東西，比如古埃及人創造的象形文字，就對後來的腓尼基字母影響甚大，而希臘字母就是在腓尼基字母的基礎上創建的。

除此之外，金字塔、卡納克神殿等建築、亞歷山大燈塔等，也都體現了埃及人極高的建築技術和天文知識。

尼羅河的氾濫催生了天文曆法

古埃及氣候炎熱，雨水稀少，但那裡的農業生產卻很先進。這是為什麼呢？

原來，這與尼羅河的定期氾濫有關。埃及的大部分國土都是沙漠，只有尼羅河流域像一條綠色的緞帶一樣，從南向北貫穿其間。直到目前，埃及仍有百分之九十五以上的人口集中在尼羅河附近。因此，在希臘時代，西方人都把埃及稱為「尼羅河的贈禮」，古代埃及人更是將尼羅河視為「母親河」。

尼羅河全長六千六百四十八公里，發源於赤道一帶。主流叫白尼羅河，從烏干達流入蘇丹，在喀土穆和發源於衣索比亞的青尼羅河匯合，流入埃及。

在埃及境內，每年的六月尼羅河開始漲水，七到十月是氾濫期。這一時期，洪水經常夾帶著大量的腐殖質，灌滿兩岸龜裂的農田。幾週後，當洪水退去時，農田就留下一層肥沃的淤泥，等於上了一次肥。到了十一月分，人們播種，第二年的三到四月就能有不錯的收穫。

尼羅河還有一個特性，就是每年的漲水基本都是定時定量，雖有一定的出入，但差別不是太大，從沒有洪水滔天淹沒一切的大災。這就為古埃及人最早創建大規模的水利灌溉系統和制定曆法提供了方便。

古埃及曆法的形成及原理

埃及的觀天工作最初是由僧侶們擔任的，他們經常需要注意觀測太陽、月亮和星星的運動情況，並從很早的時代起就知道了預報日食和月食的方法。遺憾的是，這種方法是嚴格保密的，詳細情況我們至今也不得而知。

古代埃及人根據研究，制定出了自己的曆法。天文學知識的產生，主要來自於對自然界的觀察。每年的六月，尼羅河洪水都會氾濫，並從上游沖下許多肥沃的土壤，使下游的農作物得以茁壯成長。據此，埃及人也產生了「季節」的概念。

古埃及的曆法是從觀測大犬星座中得到的。大犬星座在中國被稱為天狼星，在古埃及則被稱為「索普德特」，就是「水上之星」的意思。我們已經說過，古埃及的文明發生與尼羅河的氾濫有關。他們發現，三角洲地區的尼羅河漲水與太陽、天狼星在地平線上升起會同時發生，於是就把種現象兩次發生之間的時間定為一年，一共是三百六十五天。然後，他們又把全年分為十二個月，每個月分成三十天，剩下的五天則作為節日；同時，他們還把一年分為三季，即「氾濫季」、「長出五穀季」和「收割季」，每季四個月。

在西元前三千多年的時候，每年到了夏天，天狼星從東方在黎明前升起來的時候，尼羅河都會發生氾濫。埃及人把這看作是聖河氾濫的預告，因而視天狼星為神明，頂禮膜拜。他們修造廟宇，祭祀天狼，祈求豐收。埃及女神伊西斯的廟門，就正對著天狼星升起的方向。也有人認為，著名的埃及金字塔也是用來觀測天狼星的。

非常有趣的是，天狼星的埃及象形字也是三角形的，很像金字塔的形狀。古埃及人將此次黎明前天狼星從東方升起，至下次黎明前天狼星又從東方升起之間的時間，定為一年；並將黎明前天狼星升起的一天定為歲首，也稱狼星年。狼星年的長度是三百六十五點二五天，和現在的精密數字三百六十五點二四二二天很接近。這也是人類歷史上最早的太陽曆了。

除此之外，埃及人還把晝和夜各分成十二個部分，每個部分為日出到日落或日落到日出時間的十二分之一。他們透過石碗滴漏的方式來計算時間，把石碗的底部鑿出個小口，然後讓水滴以固定的比率從口中漏出，再在石碗中標上各種記號，用來標誌不同季節的不同時間。

古埃及的占星學

古埃及的占星學也相當先進，就好像古埃及文明的特色一樣，他們的十二星座也是以古埃及的神來代表的。

除了知道北極附近的星星外，考古學家還從出土的棺蓋上所畫的圖像上判斷，埃及人認識的星象還包括天鵝座、牧夫座、仙后座、獵戶座、天蠍座、白羊座及昴宿星團等。他們認識星座的最好方法，就是把赤道附近的星星分成三十六組，每組可以是幾顆星，也可以只有一顆星。每組管十天，所以也稱旬星。當一組星在黎明前剛好升起時，就標誌著這一旬的來臨。如今，考古學家發掘出來的最早旬星文物是屬第三王朝的（西元前三千年至西元前三三三二年，埃及共經歷了三十一個王朝）。

金字塔與天文學有關嗎

第四朝法老古夫的金字塔是古埃及最大的金字塔。整座金字塔塔身高達一百四十六點五公尺，塔底每面長兩百三十公尺，共計占地大約五點二九萬平方公尺。全塔共由兩百三十多萬方巨石建造，每方平均重約二點五噸。塔面上所用的石頭都是經過細工磨平的，而且全用的是疊砌法，不用泥灰，因此就算非常薄的刀子也難以插入石縫內。

這座古埃及最大的金字塔不僅外觀雄偉，而且角度、線條、土石壓力等，也都經過了縝密的測算。因此，金字塔雖然歷經了四五千年，至今卻仍巍然矗立。這在還處於銅器時代的西元前三世紀中期，不能不說是人類建築史上的奇蹟。

據希臘歷史學家記載的埃及傳說中稱，古夫在建造自己的大金字塔時，曾分批分期地徵調了全埃及的人力。僅就鋪設運石的道路，就徵用了十多萬人，花費了近十年的時間才完成；而金字塔分身的建造，又徵用了十多萬人，花費了三十多年的時間才完成。

然而，金字塔的魅力不僅在於它的壯麗和雄奇，還有它的四個牆面，都正確指向了東、南、西、北四個方向。在還沒有羅盤的古代，能將方位定得如此準確，無疑是使用了天文測量的方法，也許就是利用當時的北極星——天龍星座來定向的。在古夫金字塔的北面，還遺留下一條與水平方向成二十七度角的隧道。當年從金字塔的中心透過隧道仰望天空，正好可以看到一夜之間幾乎不動的天龍星座。埃及人首先利用當時的北極星確定金字塔的正北方向，其他三個方向也就不難確定了。

相關連結——古埃及用什麼計量長度

在古代的埃及，測量物體時所用的工具是腕尺，長度大約從肘至中指尖的長，合二十點六二英寸。邊長為一腕尺的正方形，它對角線（長二十九點一六英寸）的一半，可分為二十指，是第二個長度單位。

還有一種腕尺，只有十七點七二英寸長，分為六掌。腕尺乘以一百的積，是丈量土地的基本單位。這一長度的平方，即一萬平方腕尺，也是耕地面積的計量單位。

古埃及人主要的容量單位是哈努，十哈努為一哈加特。以「次」為基礎，再進行各種倍加，從而形成一個更大的穀物容量單位。另一個容量單位是哈爾，為一立方腕尺的三分之二，或相當於一個直徑為九掌、深為一腕尺的容器容量。容量與水之間存在著某種近似關係，因為一哈努的水重五德本。看來，容量單位應該是源於水的重量單位。德本是一種同名的踝飾的重量，它的十分之一叫加德特，即戒指的重量。

薩索里文字之謎

一九九九年，德國科研人員在開羅召開的記者招待會上宣布：科研人員在埃及南部距離開羅四百公里處的「薩索里一世」古墓中，發現了大量書寫在罈子與黏土板上的文字。

經放射性同位素測定，這些文字大約出現於西元前三千三百年至前三千一百年間，部分文字書寫時間甚至可以早於西元前三千四百年。具有突破意義的是，研究人員已經解讀了三百件左右的書寫有古文字出土文物中的三分之二，即兩百件左右。

雖然這些文字與美索不達米亞的蘇美文字有眾多類似的地方，但它顯然要比蘇美象形文字更加先進。因此，研究人員認為古埃及的「薩索里」文字，應該屬於迄今為止世界上最古老的文字。

什麼文字是最古老的文字

關於什麼文字是世界上最古老的文字，二十世紀的學術界一直都在爭論不休。大多數研究人員認為，在西元前三千五百年左右的美索不達米亞烏魯克文化遺址中出土的，至今仍有大部分未曾解讀的、被刻在泥板上的楔形文字，應是世界上最古老的文字。但是，也有學者對此頗有微詞，因為幾乎在同時，古埃及的象形文字就出現了。

其實，西元前三千五百年的古埃及象形文字，在德國科學家發掘「薩索里一世」墓之前，就已經出土了，總共大約有七百多個文字符號。在中國的殷墟甲骨文與商周金文中，一共保留了五百多個文字符號，距今也已經有五千多年的歷史了。此外，在印度哈拉帕遺址、希臘克里特島以及美洲的馬雅文明等中，也都存在象形文字，但這些象形文字至今還未曾被解讀出來。

然而問題是，儘管這些象形文字的年代很久遠，但這些象形文字很多都不能解讀，所以也難以判斷這些象形文字本身究竟算不算古文字。

有研究人員指出，如果象形文字就是古文字，那麼「世界上最古老的問題」恐怕還輪不到蘇美或古埃及，因為世界各地都曾發現了許多原始符號刻在岩壁、洞穴、器皿上的遺跡。

因此，有些研究人員認為，在距今五千到六千年出現的象形文字，並非真正的文字，最多只能算是「文字畫」而已。

誰是最早文字難以定論

研究人員指出，從象形文字發展到能讀音的音節文字，最後又發展到字母文字，這是一個漫長的發展過程。那麼，第一個發明發音符號的又是誰呢？

大多數古文字學家認為，是西元前一千八百年居住在西亞兩河流域的古代居民取得這一突破性進展的。開始，美索不達米亞的蘇美人音節表中有幾千個符號，使用的都是單音節詞，即由一個母音與一個輔音構成。隨著社會的發展，他們逐漸使用兩個或兩個以上的輔音音節，雙音節與三音節詞彙逐漸大量出現，從而使發音符號大大減少，為最終完成向字母文字的轉變打下了基礎。

如果把音節文字看成是最早的古文字，那麼目前考證結論是：最早出現音節文字的是西元前三千一百年的蘇美文字、西元前三千年的古埃及文字、西元前兩千兩百年的古印度文字以及西元前一千三百年的古中國甲骨文字等。而德國科學家發掘的「薩索里」文字，還不曾發展到這個階段。

看來，人類最早的文字究竟起源於哪裡，到底哪種文字才算是真正意義上的文字，還需要研究人員進一步努力才能弄清。

歷史側影——埃及的莎草紙

考古學家在開羅西南部的薩卡拉第一王朝遺址考古過程中，在一位大臣的墳墓裡發現了一卷空白的無字莎草紙。經研究發現，這是埃及最古老的莎草紙之一，已有五千多年的歷史了。然而，儘管古埃及生產了大量的莎草紙，但其生產技術卻並沒有文字記載。

一九六〇年，哈桑．拉加卜在回到埃及後業餘研究莎草和莎草紙。他透過大量考證古代留下來的莎草紙，並透過反覆試驗，終於摸索出了莎草紙的生產工藝。

研究發現，在製作莎草紙前，需要先從水裡割下莎草的莖，再根據製作的紙張的規格大小將其切分成幾段，然後剝去表皮粗糙的韌皮，將它的髓劈成很薄的薄片。隨後，人們在一塊平坦的石板上鋪一層亞麻布，再把莎草草髓的薄片分兩層橫直交錯鋪在亞麻布上，然後在上面再蒙一塊亞麻布，並用木槌用力敲打一到兩個小時，直到植物的漿液將兩層薄片黏成一塊。最後，再在上面壓上重物，將其壓平，讓其自然晾乾。幾天後取出，就是一張結實的米黃色莎草紙了。在日光照耀下，一條條橫直交錯的髓片仍清晰可見。

用這種方法製作的莎草紙，不僅柔軟耐用，質地優良，而且將幾張紙黏接起來，就可以做成莎草卷。迄今為止，世界上最長的莎草卷是第二十二王朝的哈里斯大紙莎草，長四十點五公尺，上面寫的是拉美西斯三世給埃及各神殿的禮物一覽表。

世間偉大的建築

埃及人相信，人死後可以到另一個世界裡繼續「過活」。就好像植物在冬季死去，次年依然可以重生一樣。而他們崇拜的大神之一——執掌「陰司」的歐西里斯，也同時掌管著帶來蘇生的洪水給植物。而歐西里斯本身，也曾是被敵人殺死，後來他的妻兒用法術又讓其重生的。

因此，埃及的祭司們都相信：只要他們把法老王的遺體保存起來，就可以在墓室內和墓室外繼續「生活」。這樣，就產生了著名的埃及木乃伊，以及各種裝飾豪華的棺匣和宏偉牢固的金字塔。

埃及文化與建築有一種保守內斂、亙古不變、幾乎是不屈不撓的特質，這樣的特質能持續如此漫長的時間，不能不說是相當驚人的，這些建築甚至被認為是世間非常偉大的建築。

古夫大金字塔

金字塔，阿拉伯文意為「方錐體」，是一種方底尖頂的石砌建築物，也是古埃及埋葬國王、王后或王室其他成員的陵墓。

埃及迄今發現的金字塔共有八十座左右，其中最大的是以高聳巍峨而居古代世界八大奇觀之首的古夫大金字塔。在一八八九年巴黎艾菲爾鐵塔建成前的四千多年裡，古夫大金字塔一直都是世界上最高、最雄偉的建築物。

據不完全統計，古夫大金字塔大約由兩百三十多萬塊石塊砌成，其中外層石塊約有十一點五萬塊，平均每塊重二點五噸，每塊石塊都像一輛小汽車般大小，而大的甚至要超過十五噸。倘若把這些石塊鑿成平均一立方公尺的小塊，然後將它們沿赤道排成一行，那麼長度則相當於赤道周長的三分之二。據古希臘的歷史學家估算，古夫金字塔在修建過程中一共花了三十年時間，每年用工超過十萬人。

金字塔既體現了古埃及人民的智慧與創造力，同時也體現了法老的專制統治。

在四千多年前生產工具很落後的中古時代，埃及人是如何採集、搬運數量如此之多，每塊又如此之重的巨石疊成如此宏偉的大金字塔？至今都是一個難解之謎。

英國一位研究人員曾根據文獻資料中提供的資料對大金字塔進行了研究。經過計算，他發現古夫大金字塔令人難以置的包含著許多數學上的原理。

他首先發現的是，古夫金字塔每壁三角形的面積等於其高度的平方。此外，塔高與塔基周長的比例，又恰好是地球半徑與周長之比，因而用塔高來除底邊的兩倍，便能求出圓周率了。因此這位研究人員認為，這個比例絕不是偶然的，這證明了古埃及人當時已經知道地球是圓形的，並且還知道地球半徑與周長之比是多少。

此後，另一位英國研究人員帶著精緻的測量儀器又測繪了大金字塔。在測繪中，他驚奇的發現，金字塔在線條、角度等方面的誤差幾乎為零。在三百五十公尺的長度中，偏差居然不到零點六公分。

大金字塔到底凝結著古埃及人多少知識和智慧？至今仍然是一個遠沒有完全解開的謎。

亞歷山大燈塔

在古代世界的七大奇蹟中，埃及獨占兩個，即排名第一的古夫大金字塔和排名第七的亞歷山大燈塔。後者因為在航海中的重要作用，使其在古代的名聲甚至超過了金字塔。

自從亞歷山大大帝建立了亞歷山大城後，這裡很快就成了地中海地區最大的海港和東西方貿易集散地。頻繁來往的船隻迫切需要一座燈塔來指引船隻靠岸進港，於是這一古代奇蹟就產生了。

在距亞歷山大海岸一千公尺的地中海中央，有一座與海岸平行的小島，名叫法羅斯。在托勒密一世時，這裡曾修築了一座長一千三百公尺的人工橋，將大陸與小島連接起來，形成「工」字形的東、西兩港。當時的東港為主要出入港，在法羅斯島的東端，還有一塊長約兩百三十公尺、寬兩百公尺的巨石。在大橋建成後，由索斯特拉特設計，在這塊巨大的石頭上建造了燈塔，並於西元前二八〇年托勒密二世時竣工啟用。

燈塔主要由四部分組成。頂部為平台，四角豎著海神波賽頓的巨大青銅鑄像；底部呈正方形，高六十公尺，共十二層，有三百多個房間，供管理人員和衛兵居住，並有存放物資器材的倉庫；第二部分為一座八角形的柱狀建築，高約三十公尺；第三部分為圓柱形，高約十五公尺，八根花崗石石柱支撐著八公尺高的穹隆狀圓頂，是夜間導航的燈室；再向上便是海神波賽頓的全身立像。整座塔高一百二十公尺，如果加上塔基的話，總高度可以達到一百三十五公尺。塔內建有螺旋形石級通往燈室，塔外還有升降的吊車向上運送燃料。整座燈塔都是由石灰石砌成的，石柱則採用花崗石，有些部分還用大理石或青銅做裝飾。

關於燈塔的導航方法，一直未見有文字記載。一說，矗立在岸邊的高大塔身成為亞歷山大港的標誌，船駛到距海岸五六十公里處就能發現它；另一說是，燈室內裝有一個巨大的磨光金屬鏡，白天能聚集陽光，反射到十公里以外，夜間點火燃木指引船隻進港；還有人認為，燈室內裝有透明的水晶石或玻璃鏡，類似現在的望遠鏡，坐在鏡後就能用肉眼望見接近海岸的船舶。然而具體的導航方法，還需要進一步研究才能得知。

最大的露天博物館——路克索

路克索位於尼羅河畔，距開羅六百七十六公里。很多埃及人都認為，路克索是古埃及文明的發源地。

在漫長的歲月中，路克索幾度盛衰榮枯。到第十八王朝（西元前一五七〇年），底比斯進入到了鼎盛時期，並成為東至巴比倫、西抵利比亞、南達蘇丹的強大帝國首都。於是，國王、王親和權貴們開始大興土木，在東岸建造起了許多宮殿和神殿，在西岸又開鑿了墓穴和神殿。牢固的城池，宏偉的宮殿，巍峨的神殿，壯觀的大臣府第和各國使節的宮邸，使它被古希臘人譽為「百門之城」。

後來，隨著希臘和羅馬軍隊的相繼入侵，古埃及法老的政權逐漸土崩瓦解，全國的政治中心也北移了，路克索也逐漸荒蕪了。十九世紀末期，考古學家在這裡發現了大量的神殿、古墓和木乃伊等，至此路克索的名聲才又重新大震，並被稱為「埃及歷史的博物館」、「世界上最大的露天博物館」等等。

倘若說金字塔代表的是埃及古王國（西元前二七八〇到前二二八〇年）時期的歷史文明，那麼路克索的古廟和古墓則應該算是新王國（西元前一五七〇到前一〇八〇年）時代的象徵了。然而遺憾的是，隨著千年歲月的流逝，曾經宏偉的建築大多都已被湮沒了，當年被視為太陽升起的東方——繁華的尼羅河東岸的「活人城」，也僅僅剩下了卡納克和路克索兩座破落的神殿了。

最宏偉的神殿群——卡納克

卡納克神殿是迄今為止殘存的古代最宏偉的神殿群，由許多神殿組成，東西寬約四百八十公尺，南北長約五百五十公尺，占地二十六點四萬平方公尺。考古發現，古代應該還有一道高約十二公尺的土坯牆將它的四周圍住。

作為崇拜阿蒙神的場所，卡納克始建於阿蒙霍特普一世（西元前一五四六年到前一五二六年）。之後歷代法老為宣揚其文治武功和統治政績，逐漸擴大廟宇，增建了阿蒙神之妻的神殿和其子的神殿，以及各種廳、殿、堂、室等；或在廟內空地上豎立巨大的石像和高聳的方尖碑。整個廟宇前後延續建築了近兩千年，直到托勒密八世（西元前一七〇年上台執政）才完全停下來。

相關連結——金字塔只是一座墳墓嗎

一般人都會認為，金字塔僅是王室的墓穴。但是，專家學者們的研究卻不斷提出質疑，比如第四王朝的法老為什麼要建造兩座金字塔？他們是不是想同時擁有兩個墳墓？為什麼在獅身人面像中沒有找到木乃伊或墓誌銘？一個國王耗費鉅資，建造了這樣一座人類歷史上最大的墳墓，然後再讓人費盡心機揣摩他自己葬在何處，是否有些不合邏輯呢？因此，很多研究人員認為，金字塔一定不僅僅是一座陵墓，它的設計建造中一定還有些其他的意圖。

金字塔國王墓室的入口處，既是金字塔中最神聖的地方，也是最神祕的地方。金字塔中國王的墓室中央，有一條傾斜狹窄的通道通向頂部，埃及學者曾認為它們是「通風道」。但後來研究人員透過認真研究表明，這些洞口並非「通風口」。因為這個通道的設計構造非常複雜，且從內部一直通向金字塔的外部。既然如此，那麼出口的建造也一定具有一些特殊的用處和目的。一九九三年，德國工程師使用微型機器人檢測王后墓室的南通道，最後發現這些通道最終被一扇石門擋住了，而且還採用了金屬加固。由此可見，通道的裡面應該蘊藏著什麼祕密。

一九六〇年代，天文學家在研究金字塔後發現，墓室入口處的通道精確指向了天上的星球。其中的一條通道指向小熊星座，另一條則指向天龍座的阿爾法星，也就是金字塔時代的北極星。難道千萬年前的古代的專家們已經能夠計算出天體的運動了麼？學者們普遍認為，古埃及人並沒有掌握太多的天文學知識，對天象也沒有太多的研究，但金字塔和天體的奇妙關係卻體現了他們精深的天文知識。

在金字塔中，國王墓室的通道是指向獵戶星座的，而王后墓室的通道則指向天狼星，也就是伊西斯女神。從中可以看出，埃及人建造的通道具有極高的精度，能夠精確指向他們所膜拜的神靈。

另外，在吉薩的三座金字塔中，有兩座的尺寸和方向都驚人相似，而第三座很小。為什麼第三座這麼小，並位於其他兩座對角線的偏左方向呢？研究發現，第三座金字塔是由法老王卡夫拉的兒子所建造的，而當時他與他的父親有著相同的財富和權力，那為何他自己的墳墓卻明顯小於其他兩座呢？這個問題也曾困擾了人們好多年，但後來謎團終於解開了。

原來，只要看看夜空中的獵戶星座那兩顆小星星奇特的排列方式就會明白，頂端那顆最小的星星恰好位於另外兩顆星星對角線偏左的位置。所以埃及學的專家們提出，大金字塔不僅是法老陵墓，很可能還是舉行宗教儀式之類活動的場所。

總之，金字塔是古人留給我們超越想像力的歷史遺址。與整個古埃及一樣，金字塔也是一個難於解開的謎。

古埃及文學的發展

古埃及的文學作品大多來自莎草文卷，雖然由於年代久遠，保存完好的文卷不多，但從現有的來看，古埃及的文學作品內容還是相當豐富多彩的，形式也是多種多樣。在古王國和中王國時期的文學作品，多是一些預言、箴言、訓誡之類的文獻。

古埃及文學的逐步發展

古代埃及人用莎草書寫，然後把寫好的莎草捲起來，紮以細繩，以便保存。這樣的莎草捲有長有短，有些作品手稿竟達十幾公尺至幾十公尺，古代許多文學作品就是這樣保存下來的。

研究發現，在埃及古王國時期（西元前三二〇〇年到前二二八〇年），就已產生了詩歌、歌謠、故事和箴言等。在這一時期流傳下來的比較突出的文學遺跡主要有兩類：一類是金字塔禱文，也就是刻在金字塔墓壁上祈禱法老死後升天獲福的詩歌；另一類則是大臣墓地上的碑傳。

除此之外，還有少數民間文學的材料也被保留了下來。這些民間文學主要包括一些民歌，如農夫、打穀工、腳夫的歌，大多都比較樸實、真摯。這些歌的原文也是在古王國的墓壁上發現的。

發展到中王國時期（西元前二二八〇年到前一七七八年），埃及的文學和其他藝術門類，比如建築、繪畫、雕塑等，也都有了較大發展，作品中開始使用由中埃及語提煉出來的埃及古典文學語言。在這一時期，文學作品中的口頭創作的故事開始增加。文史家認為，這一時期的文學作品是最精彩的，因為它們在表達、描繪和修辭等方面都成為後來各個時期文學的典範。因此，這一時期也是古埃及文學的最鼎盛時期。

新王國時期（西元前一五七〇到前一〇九〇年），埃及最突出的文學體裁就是寫實的旅行記，同時還留下不少對神和對統治者的頌歌。

近現代的學者透過在埃及遺跡中發現的莎草卷上保存下來的古代文獻資料，以及刻在金字塔墓壁、廟宇牆壁上的文字等，才逐漸了解了古代埃及文學的內容及發展情況。但是，大多數埃及的文學作品到現在也仍然無法得知其作者為誰人，因此通常就把這種榮譽歸於虛構的或半神話式的古代智者。

文學作品的分類

古埃及文學經歷了漫長的發展過程，在藝術上也取得了很高的成就。

從形式上劃分，古埃及的文學是先是有詩歌，後來又出現了散文。詩歌主要包括世俗詩、宗教詩、讚美詩、宗教哲理詩等等；散文方面則有訓言、箴言之類的教諭體作品，以及比較豐富的故事和旅行記等。

但是，由於年代久遠，不易保存，很多作品都已經蕩然無存了。流傳到現在的，也只是極少的一部分。從不同時期保存下來的資料來看，當時的文學體裁側重點有所不同，但是主要的還是以上所列的幾類。無論是在題材上或在體裁上，埃及文學都長期影響了古代希臘的文學、科普特文學和中世紀的東方文學等。

古埃及文學的突出貢獻

西元前三三二年，希臘的馬其頓國王亞歷山大征服了埃及後，便修築了以他的名字命名的亞歷山大城。後來，亞歷山大城不僅成為希臘化世界商業中心之一，還成了一個著名的文化交流中心。

西元前三十年，羅馬皇帝奧古斯都．屋大維又征服了埃及，並使埃及成為羅馬領土的一部分。西元三九五年，羅馬帝國分為東西兩個部分，埃及便成了東羅馬帝國的一個行省，其中巴比倫城就是羅馬人統治時期建立起來的一座名邑，也是當時的埃及首都。西元六四一年，巴比倫城又被阿拉伯人攻占，從此埃及便又開始由阿拉伯人統治。而埃及文學也從此逐漸成為阿拉伯文學的一個組成部分。

古代埃及文學的成就和影響都是舉世矚目的，之所以值得提起，不僅因為古埃及文學是世界上最古老的世俗文學，而且還因為現代文化也是透過希臘羅馬而繼承了古代埃及遺產的。此外，古代埃及文學還激勵了希臘人，並使他們在詩歌和散文方面獲得了輝煌的成就。

延伸閱讀——古埃及的宗教信仰

在古代埃及歷史的發展進程中，宗教就像一根線，把古埃及社會的各個方面都連接起來了。保留至今的古埃及文物或遺跡，大多都與宗教有關。這證明，宗教在古埃及社會中有舉足輕重的作用，它與古埃及人的整個生活密切聯繫，也使得古埃及的文明更顯得獨具一格。

在古埃及的宗教信仰中，主要包括三種信仰，即神與人的關係、創世說和來世說。

古埃及人和神之間的關係可以概括為：諸神告誡人們該做什麼，不該做什麼；世上出現罪惡，是因為人違背了神的意願；造孽的人終將遭報應，行善的人必會獲得獎賞。古埃及人認為，神的引導是經由舌和心實現的。因為心是做出決定、制定計畫的器官；舌則將決定和計畫公諸於眾的。這兩個器官對人的行為起著決定性的作用。

古埃及人相信，世界是有始無終的。世界原來是一片混沌，經過創世神的創造和整頓，世界才開始存在。

關於古埃及人對死亡的態度，可以參見新王國時期一座墓室裡的銘刻：「原來喜歡走動的人現在被禁錮著；原來喜歡穿戴盛裝的人現在則穿著舊衣服沉睡；原來喜歡唱的人現在置身於沒有水的地方；原來富有的人現在來到了永恆和黑暗的境界。」而另一個墓室的牆上也寫著：「西部（死者的領域）是睡眠的國土，漆黑無光。死者在那裡唯一的事情就是睡眠。他們從不醒來見他們的父親和母親，見不到他們的弟兄。他們的心裡沒有妻子和兒女。生命之源的水對他們只是渴。」

按照古埃及人的觀念，人活在世界上主要依靠兩個要素：一個是看得見的人體，另一個則是看不見的靈魂。靈魂「巴」的形狀是長著人頭、人手的鳥。人死後，「巴」便能夠自由飛離屍體，但屍體仍是「巴」依存的基礎。因此，活著的人要為亡者舉行一系列的複雜儀式，讓他的各個器官都能在死後重新發揮作用，讓木乃伊能夠復活。而亡者在來世生活，同樣要有堅固的居住場所。因此，古王國時的金字塔以及各種墓室等，便都是亡靈永久生活的住地。古埃及人還認為，現世是暫時的，來世才是永恆的。

迦太基古城文明遺址

迦太基是北非的著名古國，位於現在的突尼西亞境內。約西元前八一四年，迦太基古國由腓尼基城邦泰爾移民所建造。據傳說，泰爾王國中發生了內亂，公主在忙亂之中出逃，在大海上漂泊了幾天後到達了突尼西亞。後來，公主向柏柏人的部落首領借了一張牛皮之地安身，隨後，聰明的公主將牛皮剪成一條條細細的皮絲，然後連結起來，在山丘上圍起一塊土地，建成一座城市，取名迦太基。從此以後，這裡就成了腓尼基人在北非奴隸制國家的首都，又成為一所繁華的貿易和文化中心，並很快成為當時僅次於羅馬的世界第二名城。

西元前三世紀，逐漸強大的羅馬帝國為了爭奪地中海西部領土，與腓尼基人展開戰鬥，並最終在西元前一四六年占領了迦太基。隨後，羅馬人將迦太基城付之一炬。大火整整燒了十六天，這座曾經美麗的古城從此便成了一堆廢墟。

迦太基現存的古遺址

迦太基古城最古老的部分，是位於臨近海岸的比爾薩山下，也是迦太基城的核心。在比爾薩山上，迦太基人曾建造了堅固的防禦工事，那裡的城牆長達三點四萬公尺，高十三公尺、寬八公尺，每隔六十公尺就有一座瞭望塔。考古人員經過發掘，發現這裡除了宮殿、住宅等建築遺跡依稀可辨外，還有很多石棺、隨葬品以及拜占庭時代的宮殿遺址。

現在發現，羅馬時代的迦太基古城遺跡殘存頗多。在比爾薩山上，羅馬人建立了很多大神殿，至今一些露天柱廊上還保存著勝利神和豐收神的雕像。迄今為止都相當著名的公共浴場，是在西元一四五到一六二年間羅馬大帝安東尼時期建成的，也是古羅馬的第四大浴場。

從現今基部殘存的柱石、斷牆、拱門中，我們依然可以隱約看到兩邊對稱排列的是一間間浴室，浴室的裡面還設有更衣室、按摩室、冷水室、溫水室、蒸氣浴室，甚至還有健身房等。浴場裡的用水，則是從遠處的山泉中引水渡槽引來的。渡槽高六到二十公尺，至今仍遺存數段渡槽和支架。

此外，住宅區內也保存著雕刻精美的石柱，上面飾有人像、獅頭、馬身等。在數處庭院的地面上，還有兩千多年前用各種顏色小石塊拼成的馬賽克，殘存部分的色澤依然絢麗華美。畫面的內容有馬、少年捕鴨、生動的鹿等，這些都顯示了羅馬時期迦太基馬賽克的成就。

在羅馬時期修建的迦太基古城，與其他的羅馬城市一樣，也有著圓形劇場和橢圓競技場。劇場共分三個部分，每個部分都用柵欄隔開。在樂隊席的後面，是個五人台階，舞台前都放著壁龕，舞台兩側的門直通場外的柱廊。舞台的對面是一個巨大的平圓形石看台，一共有二十一級。橢圓形競技場也非常大，可以容納下五萬多名觀眾。在迦太基被毀滅後，這裡就成了一個採石場，一些曾經的建築材料也都被移作他用了，只留下一些建築遺址。

除了上述遺址外，迦太基遺址還有許多古老的神殿。這些神殿高大宏偉，氣勢莊嚴，極富古希臘建築藝術特色。在這些神殿，人們可以看到發掘起來的一層層堆積著的石碑和盛放祭神後的兒童屍骨容器。

迦太基的文化源泉

說到迦太基，就一定要著重提一下這樣一個奴隸制強盛帝國的創始人——蒂朵公主，又名艾麗莎。這位公主的一生，簡直就是一部創建迦太基帝國的壯麗史詩。

根據當時柏柏人的習慣，禁止外來人占用超過一張牛皮大小的地方。而智慧的蒂朵公主卻成功運用了這條法律，將牛皮剪成一根根又細又薄的皮條，並用皮條圍成圈，令自己得到了自己想要的這塊地盤。城市建好後，公主將其取名為「迦太基」，在腓尼基語中的含義是「新城」、「新都」之意。

據傳說，迦太基城建立不久，對蒂朵公主垂涎三尺的土著人首領希阿爾巴便想娶她為妻，並稱如果艾麗莎拒絕，他將把全部迦太基人趕入大海。艾麗莎一方面念及自己對前夫忠貞的節操，另一方面又要保護自己的年輕的國家，便佯裝同意。但是，她卻託辭要割斷先前的婚約，提出按腓尼基人的傳統架起一個柴堆，向亡靈舉行祈禱儀式。當柴堆燃燒起熊熊大火之時，公主猛然衝向大火，跳了進去……

蒂朵公主非同尋常的命運和悲壯的結局，也成為後來諸多詩人、作家和藝術家們創作的源泉。第一個以文學作品形式表現這件事的是羅馬偉大的詩人維吉爾。他的十二卷史詩《艾尼亞斯紀》也被推崇為無論形式還是倫理內容都達到了完美境界的作品，而這部史詩的高潮部分，敘述的正是蒂朵公主忠貞不渝的愛情。

同時，維吉爾的這部長詩也深深影響了中世紀的偉大詩人但丁創作的《神曲》，後來創作了《安魂彌撒曲》和戲劇交響曲《羅密歐與茱麗葉》的法國著名歌劇作曲家白遼士，以及創作了《蝴蝶夫人》和《杜蘭朵》的義大利著名歌劇作曲家普契尼等，也都有很多內容表現蒂朵公主纏綿悱惻、淒婉絕哀的愛情，同時也熱情謳歌她悲壯的一生，稱頌她為「巾幗豪傑」、「民族英雄」。

迦太基古城曾是地中海地區古文明的重要標誌，它就像一個文明匯集的櫥窗，透過它即可窺見歷史的多姿多彩。然而，作為突尼西亞市的一個住宅區，迦太基遺址的完整性目前正在受到現代化高速發展城市的威脅。一九七二年，聯合國教科文組織發起了一項拯救迦太基遺址的活動，一九七九年迦太基遺址又被列入世界遺產名錄。與此同時，突尼西亞政府也採取了一系列的措施，在一九八五年將迦太基劃為保護區，禁止新的建築工程，以保護這個偉大的遺跡。

相關連結——漢尼拔

西元前二三七年，迦太基遠征軍的將士在神殿中舉行了祭神儀式。在儀式上，一名九歲的男孩來到祭台前，將手放在祭台上，用莊嚴還帶有稚氣的語調宣誓：「待我長大成人，誓與羅馬血戰到底！」宣誓完畢，少年跨上戰馬，率軍踏上了征程。這位少年就是日後在義大利縱橫馳騁十六年、屢敗羅馬的一代名將漢尼拔。

漢尼拔的童年是在戰亂中度過的。當時，迦太基和羅馬兩國之間正在進行著第一次布匿戰爭。漢尼拔的父親和姐夫先後率領迦太基人與羅馬人鬥爭。當漢尼拔二十六歲時，被任命為迦太基駐西班牙的軍隊統帥。

西元前二一八年，第二次布匿戰爭爆發。羅馬軍隊兵分兩路，一路開赴西班牙攻打漢尼拔，一路渡海進攻北非的迦太基本土。在羅馬人看來，漢尼拔一定會放棄西班牙，馳援北非本土。然而漢尼拔卻置本土於不顧，率軍直接奔襲羅馬的後背——義大利北部。

這年四月，漢尼拔親率由九萬步兵、一點二萬騎兵、三十八頭戰象組成的大部隊，從西班牙出發，跨越阿爾卑斯山，進入義大利腹地。在這次遠征中，最艱難的路程就是要通過冰雪覆蓋的阿爾卑斯山脈。

這一天，部隊行進到阿爾卑斯山附近的一條山路時，被巨大的岩壁擋住了去路。士兵們使出渾身的力氣，也只是鑿出一些淺淺的白點。漢尼拔見狀，便命令士兵砍一些樹木靠在山壁上焚燒，直燒到冰層融化、山壁發紅，再用水澆灑。一陣嘶嘶的聲響後，岩壁的表層崩裂了。隨後，他又叫士兵用大錘將岩壁砸碎，開出一條道來。這條穿越阿爾卑斯山的通道後來就被人稱為「漢尼拔通道」。

西元前二一八年九月底，漢尼拔的軍隊終於走出深山，到達義大利的波河地區。這時，他的部隊只剩下兩萬步兵、六千多沒有馬的騎兵和一頭戰象了。

漢尼拔出其不意躍過阿爾卑斯山，令羅馬人大吃一驚，急忙調來大軍阻擋他。第二年的六月，漢尼拔採取迂回戰術，繞過有羅馬重兵防守的陣地，在一片三面環山、背後臨湖的峽谷地帶設下埋伏，把四個羅馬軍團引入了其中。趁著清晨的濃霧，埋伏在附近的迦太基士兵殺了出來。不到三個小時，羅馬士兵幾乎就被全部殲滅了。這就是有名的特拉西美諾湖之戰。

西元前二一六年八月，漢尼拔占領了羅馬的重要糧倉坎尼。八月二日，著名的坎尼之戰爆發。這是西方古代史上最著名的戰例之一。

這場戰役開始時，漢尼拔約有四萬步兵和一萬騎兵，因為在異國他鄉長期奔波，這些部隊已經疲勞至極。而羅馬人有八萬步兵和六千騎兵，都是精銳之師。但是，這並不能阻止漢尼拔贏得勝利。

漢尼拔精心布陣，正中是兩萬名老弱步兵，排成半月形，凸出的一面對著敵人，兩旁才是戰鬥力強的步兵；在半月形陣勢的兩端，則是精銳的騎兵。而且，那裡中午時分常會刮起猛烈的東風，因此漢尼拔背風列陣，打算借東風助力。

羅馬人則按傳統方式布陣，將八萬步兵排成七十列，以密集的隊形擺在中央，兩旁配置騎兵，準備以優勢兵力猛烈衝擊敵軍，一舉獲勝。

然而時近中午，漢尼拔期待的東風刮起來了。風勢猛烈，塵土漫天，羅馬人迎風作戰，被沙土迷住了眼睛，彼此還互相碰撞，頓時陣勢大亂。而迦太基人因背對東風，藉助風勢大量殺傷敵人。羅馬軍的主力頓時成了讓漢尼拔軍砍殺的羔羊。

戰役的結果令人難以置信，八萬羅馬大軍幾乎被全殲，執政官鮑路斯戰死。而漢尼拔總共只損失了六千人。

漢尼拔在義大利南征北戰十五年，多次戰勝羅馬，從未失敗過，但始終沒有把羅馬征服。由於缺乏攻城的器械，他也沒有進攻過羅馬城。

幾年後，漢尼拔的處境越來越艱難，得不到迦太基本土的支援，部隊力量也日趨薄弱。西元前二〇二年，漢尼拔與羅馬人在札馬城附近展開決戰，遭受了他有生以來第一次、也是最後一次失敗。為此，迦太基也被迫付出大筆黃金作為賠款，同時還割讓了西班牙等所有屬地。

第二次布匿戰爭結束了，迦太基從此也成了羅馬的一個附屬國。漢尼拔也被迫從非洲逃到了亞洲。西元前一八七年，走投無路的漢尼拔在一個山洞中服毒自盡了。

阿克蘇姆文明遺址

阿克蘇姆古城遺址位於衣索比亞北部邊境周圍。在古衣索比亞時代，阿克蘇姆王國是東羅馬帝國和波斯帝國之間最強大的國家。考古學家在當地發現的大量遺跡，包括方尖石塔、大型石柱、王室墓地和古代城堡等，都可以追溯到西元一到十三世紀之間。儘管到了西元十世紀，阿克蘇姆城王國日漸衰弱，但是衣索比亞國王的加冕儀式還是會選擇在這裡進行。

在阿克蘇姆遺址處，還豎立著舉世聞名的方尖碑。這裡曾是非洲阿克蘇姆文明的發源地，因此被譽為衣索比亞的「基石」和「古代文明的搖籃」。不僅如此，阿克蘇姆文明還是古代非洲的重要文明。

衣索比亞的「基石」

阿克蘇姆位於衣索比亞北部和厄利垂亞西部地區，曾經是古代阿克蘇姆王國的核心城市，也是非洲阿克蘇姆文明的發源之地，被稱為衣索比亞的「基石」和「古代文明的搖籃」。

考古學家證實，大約在西元一世紀，阿克蘇姆王國出現。到了西元四世紀時，阿克蘇姆國王埃扎那開始信奉基督教，此後一直到六世紀，王國都一直處於鼎盛時期。西元十世紀時，儘管阿克蘇姆王國日漸衰落，但它仍然是衣索比亞重要的文明城市。

阿克蘇姆的著名建築——方尖碑

二〇〇二年五月二十八日，羅馬現聯合國糧農組織總部外廣場上的阿克蘇姆方尖碑，由於遭雷擊而嚴重受損，導致三大塊碑體都掉落下來。得到這個消息後，義大利政府文物部門馬上派人到現場收集從石碑上掉下來的碎片，並將其送到研究所修復。

這是一塊非常具有歷史意義的碑，它來自衣索比亞，是衣索比亞古代文明的代表物。這塊方尖碑建造於西元四世紀的阿克蘇姆王朝時期，重達一百八十噸，高二十四公尺。不論從文物價值還是從歷史影響來看，它都是一塊價值連城的石碑。

方尖碑和石柱，都是阿克蘇姆文明的標誌性建築。在現在的古城遺址上，有許多高高聳立的花崗岩方尖碑和巨大的石柱。這些方尖碑和石柱都是從花崗岩山石上直接開鑿下來雕刻而成的，它們被認為是古代成功開採並豎立最大的整塊岩石，也是人類有史以來豎立起來的最高石碑。

這座石碑就像一座塔樓一般，正面雕刻有一些木質窗戶等，都象徵性鑲嵌在牆壁上。另一座方尖碑高二十四公尺，碑頂下刻有類似盾牌般的圖案，被認為是衣索比亞古代文明的標識。

一九三七年，方尖碑被墨索里尼從衣索比亞掠走。從那時開始，衣索比亞政府多次要求義大利歸還這塊石碑。一九四七年，義大利終於同意將方尖碑返還給了衣索比亞，並於一九九八年將方尖碑空運回衣索比亞。

金約櫃的神奇傳說

在阿克蘇姆石碑的不遠處，有兩座教堂，其中一座很古老，另一座的年代要近很多。

根據當地教會的傳說，《聖經》中記載的裝有摩西十誡的金約櫃不知去向，後來據說被所羅門和示巴女王的一個後裔運到這裡，並珍藏在這裡的教堂中。也就是說，阿克蘇姆應該是金約櫃最終的安放之地。

在離教堂不遠的地方，是一片大廈的廢墟。它可能是非洲西撒哈拉地區最早的基督教堂——錫安山聖瑪利教堂，建於西元三七二年。它也被視為衣索比亞最神聖的地方，據說這所教堂當年就是為存放金約櫃而建造的。

據傳說，在一五二〇年代，一名歐洲人在參觀聖瑪利教堂時，稱金約櫃還保存在教堂的內殿裡，而且他還記錄了有關示巴女王和其獨生子門涅利克的傳說。一五三〇年代，一個名叫阿赫邁德的人宣布對衣索比亞發動聖戰。當阿赫邁德的軍隊日益逼近時，金約櫃便被轉移到了「另外某個地方」。

一百多年後，當恢復了和平後，金約櫃又被放回了聖瑪利教堂，據說後來就一直被保存在那裡，直到一九六五年海爾．塞拉西皇帝下令將它移到另一座更安全的新禮拜堂裡。按衣索比亞的人的說法，當時的海爾．塞拉西皇帝是門涅利克第兩百二十五代後裔，而門涅利克則是示巴女王和所羅門王所生的兒子。

在衣索比亞王國，還有許多人將這些現存的遺址和示巴女王聯繫在一起。在阿克蘇姆古城附近的一個小山上，有一個露天水庫，被傳是示巴女王的池塘；而阿克蘇姆古城西側的一個陵墓，則被稱為是示巴女王之子「門涅利克」的墳墓。

那麼，金約櫃為何會與這些遺跡聯繫在一起的呢？它到底又是一件什麼樣的器物呢？

在以色列的早期記錄中，金約櫃是用來盛放上帝在西奈山賜予摩西的石碑的，所以石碑及用來盛裝它們的櫃子便成為上帝與以色列之間的見證。據傳，就是這個金約櫃率領以色列人進入迦南地區，後來櫃子被大衛王帶回了耶路撒冷，並被安放在神殿的「至聖所」裡。

一直以來，金約櫃都被當成是耶路撒冷的珍寶，但有關它的下落卻眾說紛紜，而且一直也沒有定論。有人認為，金約櫃是西元前五八七年或前五八六年在巴比倫人攻占和夷平耶路撒冷時被毀的；還有人認為，金約櫃肯定是返回聖殿山，被安放在一座新建神殿的至聖所裡。而阿拉伯編年史學家稱，金約櫃早已被安全轉移到了阿拉伯。還有一種說法稱，金約櫃應該是被封存在梵蒂岡的地庫中。而最近的一種說法又稱：當羅馬人在西元七十年將第二聖殿焚毀時，金約櫃就被人們從暗道中搶救出來了，現在它仍埋在庫姆蘭。

在《舊約全書．列王記》的第十章中有這樣一段記載：在西元前十世紀的中期，以色列王國在國王所羅門的統治下，國富民強。特別是所羅門國王花了二十多年時間建造的第一聖殿和王宮，更讓他馳名遐邇。當時，異國君主示巴女王對所羅門國王很是傾慕，便是在龐大隊伍的陪同下，帶著香料、寶石和許多金子等，來到耶路撒冷，拜會所羅門王。

在衣索比亞的傳說中，認為示巴女王應該是西元前十世紀衣索比亞阿克蘇姆城的女王。傳說稱，示巴女王到耶路撒冷後受到了所羅門王的熱情接待，並對她一見鍾情，使她懷上了孩子。因此當示巴女王回國前，就已身懷六甲了。臨走時，所羅門王送給她一個指環，稱若示巴女王生下的是兒子，就把指環給他，讓他拿著指環來見自己。示巴女王回國後不就，果然生下了一個男孩，取名埃布納．哈基姆，意為「智者之子」。

埃布納．哈基姆長大成人時，示巴女王便把指環給他，讓他去以色列見自己的父親。埃布納．哈基姆到了耶路撒冷後，所羅門王非常高興，並想讓他留下繼承王位，統治以色列，但哈基姆拒絕了。無奈之下，所羅門王只好為他塗上繼承王權的聖油，把他送回了衣索比亞，並立下了日後只有哈基姆的子孫才能統治衣索比亞的規定。埃布納．哈基姆回國後，便成了衣索比亞的國王。從此，他的後代子孫在繼位時，都要舉行一個莊嚴的儀式，宣誓自己的王統來自所羅門。

但是，自從埃布納．哈基姆克即位後，示巴女王便銷聲匿跡了。此後，有關示巴女王的真實面目也逐漸變得撲朔迷離起來，而示巴古國究竟在何處也成了一個謎。至於示巴女王是否真的為所羅門王生下一個的兒子？她的兒子是否去了耶路撒冷？是否把金約櫃帶回了阿克蘇姆城？等等，這一系列的疑問，至今也沒有一個人能夠提出答案。

延伸閱讀——傳說中的所羅門寶藏

西元前一千年左右，猶太首領大衛攻占了耶路撒冷，並建立了以色列王國，將耶路撒冷定為國家的首都和宗教中心。大衛死後，他的兒子所羅門（前九六〇至前九三〇年）即位。根據《聖經》記載，所羅門王在西元前十世紀時建立了一座雄偉的猶太教聖殿——所羅門神殿（第一聖殿），並在神殿中的亞伯拉罕神岩建造了地下室和祕密隧道。而數不盡的金銀財寶，就被存放在這個隧道中，這就是歷史上有名的「所羅門寶藏」。

然而後來，猶太王國日漸衰落。西元前五八六年，新巴比倫的國王尼布甲尼撒二世攻陷了耶路撒冷，並在亞伯拉罕神岩下的地下室和隧道中大肆搜索所羅門寶藏。但是，地下室隧道曲折幽深，尼布甲尼撒二世最終一無所獲，盛怒之下便一把大火燒毀了聖殿。

那麼，所羅門寶藏究竟在哪裡呢？對此人們做出了各種各樣的猜測。有人認為在巴比倫人入侵耶路撒冷前，這些寶藏就已被轉移到其他地方了；有人認為，這些財寶本來就不藏在這裡，而是藏在其他地方；還有人認為，寶藏就在複雜幽深的地下迷宮之中。

在眾多的猜測當中，對後來影響最大的說法，就是寶藏所在之地可能是所羅門群島。然而所羅門群島是由六個大群島以及九百多個小島組成的，而且地貌相似，散布在六十萬平方公里的海面上，還覆蓋著百分之九十的森林叢莽，所以根本無法尋找。不過，由於寶藏的誘惑之大，到這裡尋寶的人每年還是絡繹不絕，只是至今為止還沒有一個人發現真正的所羅門寶藏。

西非文明的源頭貝南

在西非，無論是在國家博物館，還是在民族文化村，甚至是在一些工藝品大市場內，都能看到貝南王國時期的青銅雕像和浮雕製品。這些作品造型生動，工藝精湛，栩栩如生。這個有著古老文明的貝南王國，從來都沒有使用過文字，一直都是透過雕刻在青銅或象牙上的圖像記述著那個時代，王國的歷史和文明也是這樣在各種青銅藝術品中呈現並留給世人。

銅雕上的歷史

貝南王國位於西非幾內亞灣沿海地區熱帶叢林地段。十四世紀以前，貝南王國是由埃多人建立，到了十六到十七世紀時，王國達到了全盛時期。貝南王國主要由埃維人、阿賈人、約魯巴人等組成，居民大多信奉傳統的拜物教。

一八九七年，貝南被英國人占領，最終被併入了英屬奈及利亞。幾百年過去了，曾經繁榮的古國也已不見了蹤影，只留下了大量精美的牙雕、木刻、銅和赤陶的雕塑等藝術品。

貝南王國的文明中最具代表性的就是青銅雕刻。不過，當時的西非並不產銅，銅還算是一種極為罕見的貴重物品。開始時，貝南人所用的銅都是駱駝商隊從遙遠的北非運來的，後來隨著葡萄牙人的到來，銅這才經由海路從歐洲大量進入貝南王國。

貝南國熔製青銅雕塑，通常會用一種名為「失蠟法」的製作技藝。這種工藝最早是出現在五千年前左右的古埃及和兩河流域。在貝南王國興盛前的十到十四世紀之間，伊費文化曾是這裡的主宰，其典型藝術品主要是用陶土、黃銅和青銅等製作而成的人物和動物雕像，這些流傳下來的銅雕作品都是採用「失蠟法」製作的。一二八〇年，伊費國王還專門派鑄造工匠到貝南城裡傳授技藝，貝南人這才學會了「失蠟法」。在貝南王國建起後，貝南人便把這種在技藝發揚光大，還建立起了一批青銅鑄造作坊，大力發展青銅業，各種青銅製品的數量與製作技藝很快就超過了伊費。

到了十三世紀後期，貝南的青銅雕刻發生了微妙變化，雕刻題材逐步由普通的動物或人像轉變為高貴的、特定的王公貴族或神話傳說人物。到十四世紀，這種技藝便已完全演變成為一種宮廷藝術了。這時在人物雕像作品中，有的造型寫實，風格優美，整個人物都活靈活現；有的則造型粗獷，適度誇張，面部表情相當嚴肅。而國王或王公貴族類的雕像，大多都是濃重眉眼，額頭突起，鼻梁筆真，唇形寬厚，國王還多佩戴一些象徵權位的華麗王冠與項圈，有時也會戴胸徽；王后則髮帽高豎，佩有細長的項圈，姿容秀麗，儀表端莊。

除了青銅人像外，貝南還有另外一種雕刻藝術形式——浮雕。浮雕作品主要表現國王的豐功偉績及戰爭、狩獵、出遊、宮廷生活等。現存的浮雕多是表現人物的，有時人物多達九個，僅從服裝、頭飾、掛珠、表情等細微之處就可判斷出當時人物的身分地位。另外一些浮雕則是表現社會風俗和服飾的用品，還有一些則是表現風景的。

當時的貝南王國供養著很多這樣的藝術工匠，有的技藝高超的能工巧匠還被封為貴族。貝南國王要求銅板雕刻師只能為王宮服務，而他們所雕刻的作品，也都屬於王室的珍寶，同時作品也必須宣揚王室的至高地位。

此外，貝南皇宮的園林內也有大量的建築、壁畫、雕塑和精美的浮雕，包括當時的數扇宮門也都大量使用了陶製浮雕。雖然貝南王國是一個沒有任何文獻記載的王國，但它的雕塑藝術卻像一部歷史，閱盡了王朝繁華和古國滄桑。

貝南王國的繁盛時期

在西元十五到十六世紀初，貝南王國正值奧巴埃瓦雷和埃西吉統治時期，首府貝南城呈現出一片繁榮興盛的景象：城牆高聳蜿蜒，街道寬闊筆直，城內樓宅整齊有序。當時的貝南城，可以說是非洲青銅雕刻藝術的中心。

貝南的王宮也叫奧巴宮殿（奧巴即為國王的意思），宮殿裡建有數個大型廣場，深宮內院錯落有秩。每處宮牆門廊隨處都可見到表現奢華王宮生活的青銅浮雕。

在宮廷的大門外，還可看到象徵貝南王權的大型青銅豹，此外還有一些小的青銅豹，作為使節出使時的標誌。在內院宮牆上，還可看見貝南國王早期的青銅人像，以及兩旁侍立著隨從的小青銅像。這些雕像刻畫精細，線條逼真，不論是人物還是動物雕像，都動作各異，神態栩栩如生，可見當時貝南人的建築和青銅雕刻藝術之精湛水準。

在貝南王國的雕塑中，絕大多數都是用長方形青銅飾板製作的。這種青銅飾板一般高約四十五公分，寬三十到三十五公分，主要是釘在宮殿木柱上，在國王舉行盛大典禮和上朝時作為陪襯之用。在一些不規則的青銅飾板上，人物表現也各有不同，有留著小鬍鬚的青年士兵，有年齡較大的雇傭兵，還有正在被槍殺的奴隸，等等。

除此之外，貝南還非常盛行牙雕和木雕。其中，牙雕多由象牙材料雕刻製成，非常精緻，通常人們會將其佩戴在胸前和腰間。現今流傳的貝南國王雕像和海神奧洛貢雕像，就是當時非常珍貴的象牙雕刻品。而木雕多流行於貝南王國的普通家族當中，有時也裝飾著牙雕或其他飾物，或是祭禮用或是裝飾用。

不過，不管是青銅雕刻還是浮雕，在鑄造技術上和雕刻技巧上，貝南在當時可謂都是具有相當高的水準，甚至超過了歐洲水準。貝南人就是透過將一塊塊冰冷的青銅賦以精湛的雕刻技藝，將當年的貝南王國清晰展現給世人的。

走向頹廢和沒落的貝南

十八世紀初期，殖民者開始野蠻的入侵貝南王國，貝南的民族手工業也以此而備受摧殘，青銅鑄造業也屢受打擊，貝南王國開始進入了衰退時期。這一階段也被稱作貝南王國的「頹廢時期」。這時的雕刻作品也顯得笨拙而呆板，比起以前大為粗糙。

十八世紀中期，當貝南國王奧巴奧申文德在位期間，貝南的雕塑藝術又迎來了一次新的春天。這時的匠師們雕成了形象複雜的青銅國王頭像——一座由人與動物構圖的青銅禮器。這座頭像與以前最大的不同之處，就在於採用了帶有象徵性形象和兩翼頭飾的圓筒底座，底座上還配有石斧、公牛頭等。在當時，藝人們還雕刻了一種與真人頭等大的奧巴奧申文德頭像，並在其頭頂上部鑲嵌上整根象牙，象牙上再雕十多個浮雕人像。人像形象逼真，栩栩如生，體現了貝南王國的精湛的雕刻水準。

到了十九世紀，資本主義國家在全球各地發動了一系列的武裝侵略與經濟侵略戰爭，非洲這片廣袤而遙遠的土地也未能倖免。各種非法貿易開始影響著非洲各國，尼日河西部一些地區也遭到了炮火襲擊。可是，當英國侵略者進攻貝南王國時，卻遭到了頑強的抵抗。但擁有先進武器的英國軍隊還是將軍艦開進了尼日河口，強行轟炸了貝南城。在這種無情的轟炸中，無數的青銅雕像、象牙雕像及木質雕像等，都被破壞或燒毀了。此次戰爭之後，貝南王國便被併入了英屬奈及利亞。

據統計，英國殖民者在這次戰爭中至少掠走了兩千四百多件青銅和象牙雕刻品，其中有幾百塊鑄造極其精緻的青銅飾板和精細的象牙製品，黑人奴隸與其他財物則更是不計其數。昔日富麗堂皇的王宮被炸成一片廢墟，到處都是破敗的宮牆與逃難的百姓。當他們劫掠後得意離去時，這個王國殘破到只有五百多件青銅雕刻品了。大量珍貴的青銅、牙雕等藝術珍品等，在被掠奪、輾轉無數次後，也流落到了世界各地。而貝南這個曾經非洲先進的文化中心，也就這樣迅速消亡了。

然而，作為一個古國王朝，貝南是不存在了，但它的青銅雕塑、牙雕、木刻等藝術品，卻因侵略者的掠奪而聞名於世，而青銅鑄造與雕刻工藝也成了這個消失古國的最高文明象徵，被人們稱為「貝南文化」。代表「貝南文化」的青銅鑄造與雕刻工藝，至今在西非一些國家還有出現。

貝南王國雖然從未使用過文字，但關於這個國家的建國歷史、興盛發展與思想見聞等，都被智慧的貝南人雕刻在了青銅、象牙和木材上而流傳下來。

相關連結——今天奈及利亞的貝南城

奈及利亞的歷史名城貝南始建於西元九世紀前後，它曾是古代西非強大的貝南王國的京城所在地，也是當時非洲最先進的經濟和文化中心。

今天的貝南城內名勝古蹟非常多，其中最著名的就是古老的貝南王宮。貝南王宮也被人們稱為奧巴宮，始建於西元十世紀左右，迄今保存也相當完好。王宮的建築風格非常獨特，宏偉的宮殿和眾多寶塔組成一套和諧的建築群體，宮殿大廳的梁柱和迴廊上還裝飾著青銅雕像和各種浮雕，內容多是描述戰爭場面和狩獵情景的。王宮四周則是以紅色圍牆環繞，圍牆上也有大量的浮雕，內容多為描繪重大歷史事件，雕刻細緻，人物形象逼真。而王宮的大門則是採用橡木板鑲嵌而成的，威嚴高大，堅固實用。如今，貝南王宮已成為古代貝南王國的重要遺址了，同時具有極高的歷史文化價值。

高度先進的美洲文明

誰是印第安人的祖先

哥倫布一行所見到的土著——印第安人是美洲最早的主人。他們在美洲大陸上已生活了很久很久。關於印第安人祖先的來源，至今仍是眾說紛紜。將各種假說概括起來，不外乎是兩種意見：一是土生論；二是遷徙論。

土生論與遷徙論的論戰

土生論者認為，人類起源於地球的各個地區，其中也包括美洲大陸。但從考古發掘來看，直到晚期智人階段，即現代人出現後，人類才逐漸占據地球上更廣大的地區，人類才進入美洲及稍後進入大洋洲。在美洲，至今還沒有發現過類人猿化石，而人類是從類人猿經猿人進化而來的。考古資料證明，在美洲只有猴類而無猿類。所以，美洲並不是人類的起源地，印第安人是土生土長的美洲原始居民的說法目前尚無有力的證據。

遷徙論者有以下幾種說法：

其一，印第安人來自歐洲。

有的學者認為，美洲最早的居民是由歐洲從大不列顛島和格陵蘭島進入美洲的；有的人認為美洲最早的居民是從歐洲透過傳說中的現已沉入大西洋底的一片大陸到達美洲的；

也有的學者認為這些居民是由歐洲穿過烏拉山脈後，再由西伯利亞經白令海峽進入美洲的。最近，有些人類學家提出早期美洲人是從高加索先行移到歐亞大陸遠東的地方，然後從西伯利亞分別移入美洲的。

美洲印第安人最早的祖先是從歐洲遷來的說法，據目前考古資料來看，證據並不充足。首先，舊石器時期，格陵蘭島被大面積冰河所覆蓋，人類無法長時間在冰河中活動；人類既然無法到達這裡，當然也不能由此進入美洲。

其次，在舊石器時代晚期，裡海曾發生過面積很大的海浸，把歐亞兩洲分開，當時的人類不可能越過這麼大面積的水域由歐洲進入亞洲北部，再進入美洲。

再次，大西洋中可能有過現已沉入洋底的大片陸地，但那是發生在大約一千多萬年前，當時地球上還沒有人類。

最後，高加索人由歐洲進入美洲的說法，是根據在美國先後發現了四處有多具高加索人遺骨的地點後得出的結論，但並非所有的人類學家都相信這些史前遺骨具有高加索人的特徵，一些科學家認為，這些遺骨不是當今歐洲人祖先的體形，而是日本阿伊努人或其他與高加索人相貌相似的人（如玻里尼西亞人）祖先的體形。

其二，印第安人祖先來源於亞洲。

有的學者認為，印第安人祖先是從亞洲南部橫渡太平洋進入美洲的；有的學者認為他們是從西伯利亞和蒙古沙漠地區進入美洲的；還有的學者認為，印第安人的面貌很像猶太人，估計他們可能是傳說中失蹤一的猶太民族的後裔。

亞洲南部的居民曾有過遠航至美洲的事例，但那不是太久以前的事情，如果說在舊石器時代晚期他們就具備了橫渡太平洋的技術，似乎還缺乏有力的證據。西伯利亞或蒙古沙漠的文化遺物雖可能與美洲印第安人的文化遺物有相同之處，但西伯利亞和蒙古不是這些文化遺物的發源地，只是這種文化的一些分區。因此，不能斷言美洲印第安人的故鄉就是西伯利亞和蒙古沙漠。

至於印第安人是猶太民族後裔的說法，更不能成立，因為事實上猶太民族在幾千年前已和巴比倫人融合了。

亞洲人是印第安人的祖先

印第安人究竟從何而來？目前，一般人認為亞洲人是美洲印第安人最早的祖先，他們是由亞洲跨越白令海峽到美洲的。

白令海峽位於亞洲大陸的東北端，隔白令海與美洲西北端隔海相望。白令海峽平均寬度只有六十五公里，最窄處的威爾斯角還不到三十五公里，其間還有兩個小島：拉特曼諾夫島（屬俄羅斯）和克魯遜什特恩島（屬美國）。兩小島相距只有四公里。

此外，白令海很淺，平均只有四十二公尺深，最深處也只有五十二點一公尺，只要海面下降四十多公尺，就可與陸地相連。由此說明，即使在非冰封季節，只要藉助一定航行工具，通過海峽並非不可能。當然這對舊石器時代的古獵人來說，要想越過幾十公里的海面，可能性還是很小的。

但是，從古地質學的研究中得知，在第四紀的一些時間內，尤其是在末次冰河期，世界性氣候變冷，冰河來臨，海面下降了一百三十到一百六十公尺。水深只有幾十公尺的白令海峽，便露出海面，成為溝通亞洲、美洲的陸橋，這在古地理學上稱為「白令及亞」。

距今約二點五萬年至一點五萬年前是陸橋存在的最後時期。正因此時的白令海峽並非海峽，對古代獵人也就不構成不可逾越的障礙。加之，當時美洲的阿拉斯加內地，與冰河時期的亞洲東北部的氣候酷寒、冰河橫溢形成鮮明的對照，這裡是一個群山環抱的綠色盆地，不但沒有冰河，而且氣候溫和，食物豐富，很多動物，如猛獁、大象、麝牛、駝鹿、馴鹿、綿羊等都生活在這裡。當時以獵取猛獁、鹿類為生的亞洲東北部古獵人，尾隨追捕這些動物，穿過白令海峽陸橋，來到北美洲的阿拉斯加是可能的。

進入美洲的古獵人仍以獵取猛獁、鹿類等動物為生，並以鹿骨作為製造工具的原料。一九三二年曾在美國阿拉斯加的育空河附近發現了許多猛獁象骨骼化石，都表明這些地區曾經是獵場。亞洲的古獵人來到這裡後，因食物豐富而人口激增，便又不斷移到其他地方；又由於追獵動物，迫使動物逃遷，獵人也不斷遷徙。

從考古資料看，當時人類是從兩條路線南遷的。

一條路線是從落磯山西側，沿太平洋沿岸直下今天的加利福尼亞和新墨西哥州。其證據是一九二九年在加利福尼亞洲德爾瑪附近發現的一個人類頭骨化石，距今約為四萬八千年，這是目前美洲發現最早的人類化石，表明此時美洲已有了人類居住。以後考古學者又陸續在加利福尼亞洲的聖達戈、新墨西哥州和福爾索姆和克洛維斯山洞中分別發現了距今四點五萬年的人骨化石、矛頭和距今一萬一千年前左右的其他石類工具。這些石器、化石都表明早在一萬年前，這些地區都已有人類居住了。

另一條路線是，人類從落磯山北部進入哈得孫灣五大湖以西、落磯山的加拿大腹地及美國中部和大西洋沿岸地區。考古資料說明，人類在這條遷移路線上，到處都留下了他們的足跡。一九二一年，考古學家在落磯山脈東側的丹佛附近的羊泉遺址，發現了猛獁及野牛等大量哺乳動物化石、印第安人常用的石矛頭等。一九四七年，在墨西哥培克斯本發現了一個一萬多年前的具有明顯黃種人特徵的人類頭骨化石。一九六八年，在華盛頓地區瑪律姆斯的一個山洞中，發現了一萬多年前原始人的文化遺物。一九七三年，在美國大西洋沿岸的賓夕法尼亞州西南的阿韋拉發現了距今一萬七到二萬二千年的人類居址和動物化石。一九七六年，在加拿大的育空地區老鴉河附近，發現了二萬二千年前一個兒童的下頜骨碎片。

以上發現，都說明從亞洲遷移來的美洲的最初人類，逐漸分布到了廣闊的地區。

在更新世結束前，人類由中美洲進入了南美洲。考古學家在厄瓜多、祕魯及巴西的洞穴中，先後發現了人類遺骨化石。大約在一萬年前，人類到達了美洲最南部的阿根廷。這從一點一萬年前生活於阿根廷南部的人類使用過的工具。和他們食用丟棄的駱駝骨頭可得到說明。此外，在阿根廷下洛斯托爾道斯洞穴中和麥哲倫海峽的洞穴中也都發現了人類的文化遺物。

以上種種發現，都證明了在晚期更新世時，亞洲古人類曾從東北亞多次向美洲遷徙，約在一萬年前，他們分布於南、北美洲，他們是美洲的最早開拓者，是印第安人的祖先。

相關連結——印第安的婚俗

在印第安人的生活中，香菸占據著重要的地位。在婚禮上，新娘要手拿一把香菸，以表示對神的虔誠。在婚禮結束後，新娘要把香菸丟棄，以示從此再不結交男朋友了。

另外，印第安人還把香菸看做是懷孕的象徵。當一個女性懷孕後，她就把香菸擺在醒目的地方，以提醒他人。

加拿大印第安人的婚禮也帶有濃厚的民族色彩，婚禮的地點也大多選在印第安人聚居區公共建築物裡舉行，一般是一幢較大的木頭房屋。在舉行婚禮時，親朋好友、左鄰右舍、村中居民們都紛紛來到木房裡，眾人席地而坐，互致問候。男女老幼身穿民族服裝，款式新穎，色澤豔麗。雖然印第安人性情開朗，但婚禮場合卻顯得非常安靜，即使說話也是輕言細語。

婚禮的主持人是酋長和兩位長老，當他們來到現場時，全場的人向他們致禮表示敬意。酋長身著民族服裝，頭上象徵權威的高高的羽毛格外醒目。酋長在大廳中央坐定，兩位長老分坐酋長左右，他們是當地年歲最大的人，灰白色頭髮結成長辮垂在肩上。新郎新娘身著白色的鹿皮傳統服裝，跪坐在酋長對面。成年男子圍坐在酋長、長老、新郎新娘周圍，婦女和兒童圍坐在男人的周邊，每人面前放著刀叉和盤碗。

儀式開始，酋長面向空中，高舉雙手，全場鴉雀無聲。他點燃艾草，隨著一股伴有濃香的青煙升起，酋長用民族語言向神明祈禱，為新婚夫婦祝福。酋長說完，由左右兩邊的長老邊說邊唱，歌聲豪放粗獷。祈禱完畢，酋長從身上取下一根長管菸槍，在艾草上點燃，再將菸槍平舉在胸前，自左而右轉一圈，放進嘴裡吸幾口。隨後，將菸槍交給左邊的長老，這位長老照酋長的樣子做一遍後交給右邊長老，接著傳給新郎、新娘、客人們。

按照印第安人的傳統風俗，菸槍象徵和平，吸菸表示友好。當在場的每一個人都吸過菸後，四位年輕人抬來一大桶湯羹，新郎新娘先為酋長和長老每人盛一碗，酋長接著將湯羹分盛在五六個小桶裡，再由人分給在場的每一個人。根據印第安人傳統習慣，新郎婚前要設法獵獲一頭麋鹿，用鹿肉加野米熬成湯，婚禮上分給大家喝。按照古老慣例，印第安人婚禮上吃玉米餅時，還應吃烤野牛肉。喜宴結束，酋長和長老離去，人們來到一塊空地上，隨著歡快的鼓聲，通宵達旦跳傳統的印第安太陽舞。

印第安人獨特的習俗

各民族的衣食住風俗習慣是在特定的自然環境中及長期的歷史發展過程中形成的，北美印第安人的衣食住當然也不例外。最能代表印第安人衣食住風俗特點的族群包括易洛魁人、居住在大草原地區的印第安人和帕布羅人。

獨特的服飾

易洛魁人在歐洲人到來之前基本上沒有縫製的衣服，他們通常是用一塊經過加工的淺色鹿皮遮身。在夏季暖和時，男子身上披一塊四十到五十公分寬的鞣皮帶，長到股骨，腰間再用窄帶子束起，這樣，鞣皮帶的前後兩端就成了兩塊正方形的圍裙搭在下身。婦女們則用一塊長方形的鞣皮圍在下身，成為一條裙子。

無論男女，上身都用一整塊鞣皮披在肩上成為斗篷，有時將斗篷的一端落在一個肩頭的下面，再用結子把它和另一端扣在另一肩膀上。冬季，易洛魁人穿上熊皮、海狸皮、水獺皮、狐皮或灰鼠皮做成的斗篷，他們將毛茸茸的那面貼近身體以便保暖。行走時，腰部束上結子，睡覺時就把它當作被子蓋在身上。

易洛魁人腳上穿的是鞣皮靴和綁腿套，婦女的綁腿套較短，只到膝蓋，下端扣在鞣皮靴上，膝蓋下用結子結緊；男子的綁腿套較長，一直到腰帶處，膝蓋下同樣用帶子束緊，下端也要扣在鞣皮靴上。男子的綁腿套長是由於打獵的需要，這樣可以防止被灌木叢和樹枝劃傷。

易洛魁人在較隆重的場合中都戴有頭飾，男子頭上戴起一頂圓皮小帽，它上面有許多小羽毛和一至兩根直立的老鷹羽毛做裝飾。同時，人們還在頭上戴上頭箍，頭箍的四周插有一圈豎的羽毛。易洛魁的婦女們不戴皮帽只戴一個頭箍，頭髮編成兩條辮子。男子的頭髮一般剃掉，只留下頭中間一條頭髮，它儼然像座高峰，帶羽毛的圓皮小帽就圍著在這座「山峰」之上。

當歐洲人到來以後，易洛魁人的服飾逐漸有了變化，不僅花色、樣式在原有的基礎上有了改變，而且吸收了許多歐洲人服飾的特點，以至於最後被歐洲服飾所代替。

居住在大草原地區的印第安人，在和歐洲人接觸前已知縫製衣服，製衣的材料主要是野牛皮。婦女們把做衣服的野牛皮加工製成熟皮，用圓石子將皮揉軟，再用骨頭錐子和野牛腱製成的線把鞣皮縫合起來。男子的服裝最初是一個鞣皮小圍裙、一件直繫腰間的長綁腿套和一件野牛皮斗篷或披肩。

斗篷是最主要的服裝，它是一整塊帶尾巴的野牛皮，尾巴一定要能碰著右手；斗篷用豪豬鬃繡上花紋，再用小皮塊和繪畫加以裝飾。婦女們的服裝主要是披肩，其裝飾與男子不同。

除此之外，婦女們的衣服還有一件用兩張麂皮縫製而成的無袖短外衣，外衣下緣綴有瓔珞；婦女也有綁腿，但比男子的短，至膝部繫緊。婦女的衣服上飾有各種刺繡、小玻璃珠穿成的彩花或瓔珞。

大草原印第安人不論男女都留長髮，男子在頭頂留一束長髮，其他均剃掉，那一束長髮或披散著，或把它編上盤在頭頂結成一束；婦女們則將長髮編成辮子。男子往往用老鷹的羽毛作為頭飾，其式樣和位置都標誌著他的不同軍功。在一些莊重的場面，一些顯要的人物都要戴上用老鷹羽毛和貂皮製成的禮帽，婦女則用貝殼和骨頭做成各種耳環、項圈。

大草原印第安人在歐洲人到來之前，在衣著方面可以說是比較講究的，他們做衣服的材料很多，有牡鹿皮、貂皮、野牛皮等；服裝的飾品和點綴也很別致，服裝的樣式也很舒適得體。

北美帕布羅人的服裝很簡單，在一般情況下，男子們就在腰間圍上一條皮圍裙，到冬季披上一件用家織材料或兔皮做成的斗篷，腿上綁起腿套，腳登鹿皮鞋；婦女也穿斗篷，往往披在右肩上，斗篷長及膝部，腿上也穿腿套。腳上穿的也是鹿皮鞋，此外還從膝部到踝骨綁上一條兔皮做的綁帶。

當歐洲人到來以後，帕布羅印第安人的服裝有了很大變化，但仍然保留了一些民族服裝的特點。男子們身穿襯衫和褲子，婦女穿外衫；無論男女，在衣衫外面都披一條毯子；婦女腳上仍穿鹿皮鞋，男子和兒童卻大都赤腳。

獨特的飲食

在飲食風俗方面，易洛魁人是很獨特的。每天只做一餐飯。

據摩爾根的考察，易洛魁人每天做一餐飯的數量是按各自家庭的財力和人口的多少而定的。一般是在中午前十點或十一點時把飯菜做好，這是正餐。進餐時，先由主婦把鍋裡的飯菜分好盛在陶碗或木碗裡給各成員，每個成員各自站著或坐著獨自吃自己的飯。因為易洛魁人沒有桌、椅、板凳，沒有盤子、廚房和餐室，因此每個人都找自己方便的地方吃。

他們吃飯的時間也不一致，往往是男人先單獨吃，然後才是婦女和小孩吃。因為易洛魁人很尊敬她們的丈夫，把他們看成是地位崇高的人，因此婦女不能在丈夫面前吃飯，即使餓，也不能與男人一起用餐。正餐後，剩下的飯菜留給家族成員餓了的時候再吃。黃昏前，婦女煮些玉米粥讓它冷卻，作為早餐或晚餐用。

歐洲人來到後，易洛魁人隨著大家族的集體生活方式的結束，其用餐的方式也開始變化。一些家庭用上了桌、椅，吃飯的次數一般是兩餐。有的部落還一反古老的男女分別用餐的傳統，同意讓妻子和丈夫一起用餐，夫婦共用一個碗和一把勺吃飯，丈夫吃一口，妻子再吃一口，交替而食，直到把飯菜吃完為止。

大草原印第安人的主要食物是玉米，人們也把野稻作為主食來吃。果實、漿果和塊根等是補充食物，肉類也是大草原印第安人的重要食品，其中狗肉被認為是神聖的食品。食物的烹調方式主要是煮或烤、炸，人們用燒紅的石頭烤肉，或用形似鍋樣的皮革煮肉。儲藏肉食的辦法是把肉晒乾，或製成稱為「別米康」的肉末，有的部落在肉末中還加上漿果汁。這種「別米康」可以保存好幾年，吃時再加入油脂，做成肉餅。人們往往把新鮮的漿果拿來就吃，菜根和肉類則都是煮熟後再吃。

帕布羅印第安人的主食是玉米和南瓜，此外還有豆類。人們將玉米放在石製的碾磨器上壓成粉狀，然後再做成粥或餅。狩獵對於帕布羅人有著重要意義，這是人們肉類的來源，麋、野牛、山羊、鹿和魚都是他們的主要肉食，此外，他們飼養的家禽火雞也是他們的美味。帕布羅人還喜歡吃紅辣椒和乾肉。人們吃飯時的習俗與易洛魁人一樣，每人都找自己方便的地方進食，既無桌子也無椅子和專門的廚房，用黏土做成的爐子臨街放著，這就是他們的廚房了。

那發和族印第安人的主食是玉米、南瓜，豆角、向日葵是他們的重要食品。十七世紀以後，他們又從西班牙人那裡學會了栽種小麥和桃樹，進一步豐富了食物的品種。人們透過狩獵獲得肉類，以後隨著飼養業的發展，綿羊、山羊、牛和馬都成為可食性家畜。由於那發和族的一些部落住宅很狹窄，家庭日常生活都在露天進行，吃飯時也在露天任何方便的地方吃。

頗具特色的民居

北美印第安人的居住狀況是與他們的社會發展階段相適應的，在原始社會時期，印第安人的房屋建築都離不開「群居」這一原則。據民族學家摩爾根的實地考察，他總結出僅北美加利福尼亞地區的印第安人的房屋就約有七種之多，但無論哪種，都是「群居大房屋」。

居住在加利福尼亞北部的印第安人住在半球形的小棚屋裡，在建造這種小棚屋時，先在地下挖兩公尺深的坑，把挖出的土堆在坑邊擋雨水，再把餘下的土覆蓋在半球形的頂上。門有時開到屋頂的正當中，有一活板門，進出時沿梯子上下。一所棚屋往往住兩三個家庭，這是由於氏族觀念很強所致。火塘安置在房屋中間，人們睡在牆邊的地上，身上蓋著兔皮或其他衣物，身邊到處堆放著雜物。

在一些山區，這樣的棚屋裡還會設有一個約一公尺高、兩公尺長的入口通道。六到七所這樣的棚屋構成一個村莊，在村莊的中間還建有一個供集合或跳舞用的半球形房屋。在每所房屋旁邊都有一個用樹枝條和草編成的，形狀像啤酒桶似的糧倉，立在地上或放在柱子上。

在加利福尼亞南部，由於氣候乾燥炎熱，印第安人的棚屋顯然與北部不同。他們的房屋是錐形或楔形的，用楸木建造，房屋裡的炕有一定傾斜度，使人在睡覺時頭部高於腳部。這些房屋都整齊排成一行，房屋的前面都有一個用樹幹搭成的涼棚。村長住在村落一端的棚屋內，「薩滿」則住在另一端的棚屋裡。每一所棚屋不止住一個家庭，大的房屋可容納三十人至四十人。

易洛魁人的住房通稱為「長屋」，長約十五到二十四公尺，房屋的構架很結實，在插入地面的直桿上架上橫桿，用枝條紮牢，再在構架上覆蓋一個三角形的屋頂或圓形的屋頂。房頂和房子兩側都蓋著大張的榆樹皮，榆樹皮被繩子或夾板固定在構架上。屋內每隔二到二點五公尺就隔出一個房間，每間房都像一個牛欄那樣對著通道完全敞開，通道一般寬約零點六到一點二公尺左右，兩端各有一門，門上掛著獸皮。每隔兩對隔間有一個火塘，火塘在通道中間，由住在這四個隔間的人共同使用。

在火塘上面的屋頂上，都留有一個天窗作為出煙孔。靠牆的地方都有用樹皮板製成的低台作為床鋪，床鋪上鋪滿了草席和獸皮，台下堆著過冬用的乾燃料。在床鋪上面約一公尺高的地方有一個用樹皮板搭的第二層，類似閣樓。這裡或存放雜物，或讓孩子們睡在面。

在三角形屋頂下面，還有第三層，主要用來儲存沒有剝過的玉米。屋子兩端還建有一個小小的平頂穿堂，冬天用於堆放燃料，夏天作為屋內住戶聚談或娛樂的場所。房門開在兩頭穿堂的牆上，外面用一塊樹皮擋住，冬天裡面再加上一條毯子或一塊獸皮擋風。門的上面雕刻著一種動物形象，是這座「長屋」的圖騰。每一個易洛魁的村莊有這樣的長屋約十座到三十座。到十六世紀至十七世紀，易洛魁人的村莊都用高柵欄圍了起來，以防禦其他部落的侵襲。十九世紀初，易洛魁人的這種「長屋」已經逐漸消失。

平原印第安人居住的房屋一般有三種基本形式：

(1)帶有許多平台的房間，這些房間平行排列在一起。房間的底層雖然寬闊，但沒有門窗，它成為整個房屋的第一個平台；第二層樓的房間比較狹小，構成整個房間的第二個平台；第三層樓房的房間比第二層還狹窄，構成整座房屋的第三個平台，人們用梯子從一個平台通往另一個平台。

(2)金字塔形的房屋。這種房屋由若干層逐級升高的階梯式層樓構成，呈階梯式金字塔形狀，最高點是房屋的中心部分。

（3）帶有封閉式院子的多層平台房屋。在上述各種房屋組成的村落中，都有公用的舉行儀典的房屋，如用做宗教、祭祀、部落議事會開會等。房屋大多用砂石做材料。有時也用乾草和泥做成的土坯建造，極少用木材。人們在橫梁上的天花板處開一些缺口作為各層樓間的通道。在歐洲人到來以後，北美平原印第安人的居住條件更為惡劣，有些小土房既無地板，也無窗子，一家人都擠在一個大房間內，房內沒有桌椅和床鋪，爐子都放在街上。

相關連結——印第安的語言

每個印第安部落都有不同的語言，許多印第安人除了他們自己的語言以外從來不學其它語言。那麼不同部落的印第安人是如何交談的呢？他們有兩種無聲的交談方式：一種是手勢語，另一種是信號。

手勢語是一種使用手勢的交談方式。遇到陌生人時，印第安人使用手勢語。這樣，他們可以辨別陌生人是敵還是友。在印第安人的手勢語中，用手做手勢：一種手勢表示「人」，另一種表示「馬」。為了說明某事在當天發生的時間，印第安人用手指天，表示當時太陽在哪兒。

發送資訊給遠方的人時，印第安人為了發訊號，印第安人可能用小矮馬，也可能用毯子，或者煙、鏡子，甚至燃燒的箭頭。

印第安人要想發訊號告訴別人他看到了很多動物，就會騎著小矮馬繞大圈。但有時印第安人發出這樣的訊號然後再躲起來，就表示遇到了危險。

毯子的訊號很遠就能看見。印第安人拿著毯子角，在前面左右擺動。用毯子能發出許多不同的訊號。

印第安人用鏡子也能發出很多訊號。通常用鏡子警告別人有危險，或者想引起遠處某人的注意。也可以用鏡子發送代碼資訊。當然，鏡子只能在有太陽時使用。晚上，印第安人用火箭頭發訊號。

印第安人也能透過煙發送消息。他們用乾柴點起一小堆火，然後將草或者青樹枝放在上面，再用毯子將火蓋一會兒。把毯子從火上拿開時，就會有一團煙冒出。煙冒出的次數以代碼方式傳遞了資訊。

查文文明

查文文明屬於南美洲古印第安文明萌芽期的文明，來源於祕魯利馬以北的查文德萬塔爾遺址，目前已發掘的遺址多為宗教祭祀中心。這裡的神殿有石構廊廡曲折穿越，典型神像是犬齒外露、鬚髮如蛇的美洲虎神，形象詭奇多變。

此外，還有馬蹬壺、敞口碗等陶器和耳墜、鐲子等金屬飾物。考古研究發現，查文文明是此後南美安地斯山區各古代文明的淵源，它的開創性作用與中美洲的奧爾梅克文化可以相提並論。

查文人的農牧業發展

考古發現，當時查文人的居住地不論其地上、地下物產都比較豐富，這裡產的許多穀物、礦石和原材料等，都是獨一無二的。村落周圍的土地不僅適合耕種，而且還適合放牧。所以，查文人不僅是種植農作物的農民，還是在周圍的高原上放牧的牧人。

在查文歷史上，著名的美洲駝和羊駝不僅為查文人提供了肉食，美洲駝還是他們重要的役畜，查文人用牠來馱運東西。最早的有組織的大型美洲駝隊，可以為查文人帶來許多當地沒有的水果、辣椒、魚等。而隨著貿易的往來，查文人不僅得到了許多異國他鄉的產品，也使查文德萬塔爾日漸強大起來。

查文人的祭拜中心

西元前九百年左右，查文人開始在查文德萬塔爾修建石廟。這座石廟後來也就成了安地斯山區最重要的一座金字塔形廟宇。隨著時間的推移，從濱海村落到安地斯山間小城方圓數百英里的人們，都開始信奉這些面目猙獰的查文神。這些神以及查文文化的其他許多方面，都對周圍地區的文化和宗教產生了比較深遠的影響。

在對查文遺址的考古過程中，考古人員在建築物裡發現了一系列的石頭建造宗教建築，這是一些附加建築和改建後建築的綜合體，也被人們稱為老廟和新廟。老廟廣場的中心是一個圓，而新廟廣場的中心則是正方形。

通常來說，遺址中的老廟都是用大石塊和大小各異的石像建築而成的，其原始建築的建立時間大約要追溯到西元前八百年左右，因此也被稱為老廟。它主要包括三個相互聯結的土墩，形成「U」字形結構，這個「U」字形結構正好圍繞著一塊凹陷的圓形廣場。北部的土墩高十四公尺，中部的土墩高十一公尺，南部的土墩高十六公尺。在廟宇的下面，是像迷宮一樣的狹窄通道和無數房間，被人們稱為畫廊，有些石像都是刻在巨石上直接砌入牆內的。「畫廊」裡的地上，堆滿了遺留下來的作為貢品的陶器。在這些陶器中，有的是從很遠的地方帶來的，說明當時查文應該是一個祭拜中心。

在廟宇中，考古學家還發現了一些彩塑雕像中有矛、盾、刀、棒等多種武器形象，甚至有幾個雕像手持砍掉的人頭，這說明真正對於查文人來說也很重要。

考古學家認為，在大約西元前四百年，這座神殿經過一次修繕和一系列的修建，修繕後的規模比原來更大，但整體仍呈「U」字形。也正是這種結構形成了新「U」字形的平台和遺跡，它們聚集於正方形的廣場上，才形成了新廟宇。但是，在大約西元前兩百年左右，查文文明開始衰落，村落建設也逐漸停頓下來。

獨特而神祕的石雕像

在查文遺址中，考古學家發現了一座帶著精美頭巾的石刻人像。透過鑑定，這座石像是大約西元前四百年左右雕刻而成的。

這一人像的雙手各握著一根節杖，雙臂自然下垂，人們稱之為「節杖神」。除此之外，考古人員還在查文遺址中發現了一些其他獨特而神祕的雕像。

在查文廟宇上的方磚簷口上，還有很多浮雕。建築的門楣通常都採用兩根竹子來支撐，門楣上雕刻著一排站著的鳥，柱子上刻有人像、鳥頭和尖牙利爪等。在一塊方尖碑上，還刻有鱷魚形象。有人認為，查文文明曾受周圍環境，尤其是山脈東部茂密叢林的影響，因為在查文文明中，叢林動物非常普遍，如美洲豹、蛇等。還有許多動物和人類形象相結合，形成半人半獸的怪物。

在查文文明的雕刻中，最令人困惑的是藍藏獨石柱。這根石柱高四點五公尺，由白色花崗岩雕成，底部埋藏於查文神殿的地基內，頂部直到廟頂。在這根石柱上，還刻有一隻貓口、犬牙、眼睛，頭上還爬滿了蛇，但手腳與人很相似的生物。有人認為，這個生物擁有進入天堂和地獄的能力，可能是某種神諭物，也可能是一種宗教崇拜。還有人推測，這座神殿是圍繞這座雕像建造的。不過，對於這個生物到底是什麼，具有什麼意義，至今也還沒有得出令人信服的答案。

神殿為何被突然放棄

考古人員認為，大約在西元前四百年，這座神殿經過了一次修繕，隨後又進行了一系列的修繕。修繕後的神殿，規模比原來更大了，但它的結構仍呈「U」字形。也正是這種「U」字形的遺跡，才聚集於正方形的廣場上，形成了新的廟宇。

然而，讓考古人員困惑的是，大約西元前兩百年，不知何故，這些廟宇都被放棄了，查文文明也開始衰落了。對此有研究人員認為，在西元前，查文文明曾廣泛傳播，作為當時的文明中心，查文人掌握了較高的金銀冶煉技術和紡織品工藝，而且查文文明也產生了較深遠的影響。後來興起的納斯卡文明和莫切文明，其設計的圖案及生產的陶器、紡織品和金屬製品等，都與查文文明有明顯的相似之處。但是，一度繁盛的查文文明為何會突然衰落?此後人們為何不再將它作為祭祀的場所?這些問題至今也沒有答案，還有待於進一步的研究和探索。

延伸閱讀——查文文明與奧爾梅克文明的關係

查文文明的顯著標誌就是他們的建築和雕塑，這些建築與奧爾梅克文明中的建築與雕塑一樣，也是一種宗教的象徵。

與奧爾梅克文明類似，查文文明最具特色的象徵物就是介於美洲虎（在祕魯或許是美洲獅）與人之間的怪物。這兩種文明都同樣具有貓科動物的藝術主題，顯然是彼此獨立脫離核心美洲文化的「形成階段」。然而，查文文明與奧爾梅克文明不僅在地理上互相隔絕，在風格和建築上也彼此不同。

其次，奧爾梅克人發明過一種表示日期、或表示觀念和詞彙的文字，不過還不能證明在前皮薩羅的安地斯世界的任何部分就已發明了文字。另一方面，安地斯各民族在查文時代已掌握了金屬的用法，而中美洲各民族在冶金方面似乎並沒有獨立的發明，他們是在中美洲歷史的晚期從安地斯世界學會的。

研究發現，查文文明與奧爾梅克文明從未互相接觸過，但它們都從自己的發源地傳播到自己「世界」的其他部分，儘管即使在自己「世界」的範圍內它們也從未成為世界性的。奧爾梅克文明向西發展到墨西哥高原、向南發展到太平洋沿海平原和今屬瓜地馬拉的高地，而查文文明從安地斯高地向西南發展到相鄰的太平洋沿海平原，並經此向東南傳播到太平洋沿岸的河流流域。而且，奧爾梅克文明的傳播一部分是透過軍事征服實現的。而同一時期的查文文明，傳播似乎是和平的。

不過，這兩個文明的擴散即使在各自的範圍內，也是一個引人注目的成就，因為它們實際是形成期中的核心美洲文化更早和更廣泛的擴散。核心美洲的中美洲和安地斯地區文明興起的一個原因，是各種自然景觀在整個核心美洲、尤其是在這兩個地區的同時存在，但在構造、高度和氣候上卻又完全不同。

古老悠久的奧爾梅克文明

三千年前，奧爾梅克文明出現在美洲的墨西哥灣海岸上，那時地球上的大多數角落仍處於文明的黑暗之中。在高原上，它曾經建造城市，大興土木；在這些古遠的城市之中，它創造了自己的文明……曾經，他們很強盛，但不知什麼原因，到西元前九百年前，他們突然消失了。在他們的遺跡中，沒有找到任何遭到外敵入侵的痕跡，因此據科學家們推測，也許是由於他們賴以生存的河流因淤泥堵塞而改道，使得他們不得不放棄這裡，轉而遠走他鄉。據傳說，今天的墨西哥聖洛倫索就是建立在奧爾梅克文明遺址之上的。

奧爾梅克文明是現知的、美洲最為古老的文明，它的主要特徵有巨石建築如大型的宮殿、金字塔、大量的小雕像以及巨石雕像等，也有至今仍未被破解的文字體系和玉器，以及各種圖騰崇拜如美洲虎、羽蛇、鳳鳥，還有橡皮球遊戲等等。

奧爾梅克文明顯著特點

奧爾梅克文明出現大約在西元前一千兩百年左右，產生於中美洲的聖洛倫索高地熱帶叢林中出現。它早期的中心是聖洛倫索，聖洛倫索因暴力毀於西元前九百年左右，總共繁盛了大約三百年。在這之後，靠近墨西哥灣的拉文塔轉而成為奧爾梅克文明的中心。

西元前四百年左右，奧爾梅克文明最終消失了，消失的原因至今也仍無可探究，但它卻對大量的中美洲文明都產生了影響。奧爾梅克文明中大型的宮殿和金字塔的建造、羽蛇神和美洲虎圖騰崇拜等一系列特徵，也成為後來中美洲各文明中的共同元素。大部分學者都認為，奧爾梅克文明應該是中美洲其他文明如馬雅文明、托爾特克文明的源頭。但同時也有人認為，奧爾梅克文明與其他中美洲文明之間屬於姊妹關係。

奧爾梅克文明的巨石雕像高達三公尺，原料多為花崗岩，人像都有凝視的眼睛和奇特的頭盔，嘴唇厚、鼻子扁平，就面部特徵來說與非洲人很像。一般認為，奧爾梅克的國王應是這些雕像的原型。奧爾梅克還有為數眾多的小雕像，這一類雕像在殷商考古中很常見。

在奧爾梅克文明中，奧爾梅克人的最高神是半人半美洲虎神或美洲豹神，其次是羽蛇神、鳳鳥神、穀神等。圖騰的實質是為了對各氏族標記，半人半獸（或者植物、非生物）的含義是相關氏族奉此種動物（或者植物、非生物）為神，相信由這種圖騰物而產生生命，人活著時需要靠它護佑，死後會回歸到圖騰神那裡。商周時就有氏族以虎（虎豹不分）為圖騰。

至於更早一些的時期，在《山海經》中記載的以虎為圖騰的氏族極其繁盛，貫穿於中國整個上古史，比如窮奇、西王母、羅羅（彝族）等都屬於虎圖騰。早時的薩滿教巫師身披鹿皮衣、彝族巫師身披虎皮衣、古巴比倫王及古巴比倫神身披魚皮衣，都屬於類似的圖騰觀念。

據《左傳》中郯子的敘述以及考古發現，作為印第安人和東亞人共同神的少昊為鳳鳥圖騰。雖然印第安人對於鳳鳥具體形象的解釋與奧爾梅克人有所不同，與羽蛇神分合的做法也與奧爾梅克人不同。但能夠推斷的是，少昊受到奧爾梅克人與殷商人的共同紀念。人們在圓柱形的璽印上塗上油墨後，便可以在紙或衣服上滾動以拓下圖畫。此法後來曾被馬雅人所沿用。

奧爾梅克人已經創造了象形文字，這些象形文字與馬雅文字相比，雖有眾多相似之處，但仍存有明顯的差異性。至於它的文字構成體系以及具體的語言特徵，到目前仍是未解之謎。

奧爾梅克的建築藝術

奧爾梅克人建造了金字塔、大型的宮殿，雕刻了精美的玉石玉器，製作了各種各樣的陶器，創造了大量的巨石建築和雕塑作品。

奧爾梅克人最傑出的藝術作品要非「奧爾梅克巨石頭像」莫屬。這些巨大的人頭像顯示了他們高超的技術水準——在花崗岩上雕出且高達三公尺。這些巨石雕像甚至引起了外星人愛好者和神祕現象愛好者們的密切關注。

奧爾梅克人的房屋表現出了他們在建築藝術方面所具有的高度智慧和創造力。由於奧爾梅克人生活在洪澇災害多發地，他們不得不挖土築墩，把房屋建在土墩之上，以防大水淹沒。目前考古界已經發掘出兩種土墩：一種呈數座聚集狀，圓形或方形，面積不大，無疑是一般的民居遺址；另一種呈長堤狀，長達三十公尺。依據長堤下出土的大量石片、石斧等石器判斷，應該是工棚遺址，是供工匠們集體勞動的處所。

奧爾梅克人的建築物均用泥土壘砌而成，且不說一般的民居，就是祭祀中心的底座高台也無一例外。比如著名的拉文塔祭祀台，它位於一座廣場的南端，整個建築高三十公尺、呈圓形，底座直徑長一百二十八公尺，用土達十萬立方公尺，一座座神殿或祭台就矗立在這個雄偉的高台上。

奧爾梅克文明時期也已出現了美洲最有特色的神殿形式——壯麗的神殿雄踞在大約十

層樓高的塔狀高台頂端，遠遠看去很像座金字塔。這種形式後來也得到傳播，馬雅人和阿茲特克人就沿用了這一神殿的建築風格。

奧爾梅克人的石雕作品、製陶工藝和建墩造房技巧體現了他們高超的藝術水準。奧爾梅克文明中最舉世聞名的藝術作品——「奧爾梅克巨石頭像」發現於一九三八年，這些巨大的人頭像具有強烈的寫實性，奧爾梅克人構思完善，使得這些石像由整塊的玄武岩雕出。在這已知的十四個巨石頭像中，最大的重達三十噸，高三點零五公尺左右，所刻是一個青年的頭像，十分形象生動。這個青年擁有扁平的鼻子、厚大的嘴唇，他的眼皮顯得很沉重，半睜著眼睛，呈扁桃狀，他的頭上戴著一頂帶有花紋的頭盔，頭盔將兩耳遮住了。研究人員認為，這座頭像所雕可能是當時的奧爾梅克領袖；也可能是一種紀念物，用來向死者致敬。

除了巨型石像，奧爾梅克人還用綠玉、黑玉創作了大量的小雕像，或為人像，或為動物形象。在奧爾梅克人眼中，玉石是最為珍貴的物品，代表著「第一流的無上的體面」。在他們看來，綠玉與「珍貴」和生命自身同義，因為綠色的玉石折射出的顏色好似滴翠的青玉米或蕩漾的碧波。因此，用翡翠綠玉做成各種珍貴的禮器、宗教用具和裝飾品，也成為奧爾梅克文明中的一大特色。

另外，奧爾梅克人雕刻的玲瓏可愛的小型石像也顯示了他們高超的藝術技巧。這些玉石人像晶瑩圓潤，數量最多的是裸體直立的站像和五官俱全的面具。有的小型石人像的胸前還佩戴著一面鏡類飾物，即使是在三千多年後的今天，這些用黑曜石鑿成鏡類飾物仍然能夠閃閃發光。

奧爾梅克人的玉雕作品中，有一個神像最為常見，這個被學者們稱為「豹人」或「豹娃」的神像帶有美洲豹的頭部特徵，同時表現為人的身形，有時更故意表現為小孩的身形。美洲豹是奧爾梅克人的最高神——美洲豹神的象徵，這個神像因此往往會兼具人和豹兩方面的特點。這些具有方正凝重、深厚圓潤風格的玉雕作品既形成了一種獨具特色的奧爾梅克藝術典範，又反映了他們獨特的宗教信仰。後來的馬雅人也繼承了他們的石雕藝術，使得石雕藝術在馬雅文明時期一度繁榮，整個馬雅地區都遍布著玉石製品和玉石圖像。

當奧爾梅克人處於奧爾梅克文明早期時，他們還以灰黃色粗砂為主材料製作陶器，他們所製的陶器器壁較厚，表面一般沒有裝飾，但均為手工製作。西元前一千年至西元前八百年左右，製陶技術取得進一步發展，出現了黑色陶器。這種黑色陶器具有馬雅文化的特徵，器壁雖仍然較厚，但已開始在表面磨光，並刻上富有代表性的花紋。形狀則以缽形器和壺形器為主。

除此以外，還有一種發明閃現了奧爾梅克人特別的智慧。科學家們指出，奧爾梅克人還發明了一種橡皮球遊戲，這種遊戲對整個地區都產生了影響，得到了廣泛的流傳，甚至成為各地十分喜聞樂見的活動項目。

奧爾梅克文明的重要影響力

奧爾梅克文明對中美洲有著重大的影響，涉及到了政治結構、等級社會、宗教和藝術等各個方面。至於這種高度先進的文明所產生的影響究竟達到了什麼程度，學者們爭議頗多。一種觀點認為，奧爾梅克文明是中美洲古文明的「母親文化」，是中美洲古文化及後續所有文化的始祖。

另一種為少數人所持有的觀點認為，奧爾梅克是否高於當地的其他文明，現在仍然無法證明，奧爾梅克文明只是與當時文明同步的一個「姊妹」文明。因此他們專門把眼光集中在非奧爾梅克地區，試圖在墨西哥盆地中部的瓦哈卡山谷找到古代複雜社會的蹤跡。據後來的研究，那裡確實有人類文明與奧爾梅克同期出現。於是這部分學者大肆宣稱奧爾梅克文明與其他文明同期並存，所以算不上中美洲的文化之母。

然而對此，也有學者持反對意見，如布洛姆斯特博士就指出，墨西哥國家大學的安·賽弗斯博士發現瓦哈卡山谷統治者的宮殿是小型的房屋，由藤條、板條編插而成；而從聖洛倫索遺址來看，這裡似乎曾經有過大型的宮殿，並且是由巨大的玄武岩柱子和石頭雕刻建造而成。

隨後，美國密西根大學的格羅夫博士又爭論說布洛姆斯特的結論無法證明奧爾梅克文明高於其他文明。因為他而沒提及奧爾梅克人如何在整個地區中成功傳播了自己的政治觀點和宗教觀點，而只是說了奧爾梅克陶器的貿易。

至於奧爾梅克文明究竟是否為其他文明的始祖，還有待進一步的考察研究。

延伸閱讀——奧爾梅克文明與馬雅文明的關係

在中美洲，同時作為人類文明史上未解之謎的奧爾梅克文明與馬雅文明都曾存在並興盛過。近來的研究發現終於證實了很多考古學家一直持有的觀點，奧爾梅克文明與馬雅文明之間確實存在著密切的關係，即馬雅文明傳承於奧爾梅克文明。

令耶魯大學的考古學家邁克爾·科博士感到奇怪的是，中美洲地區的各部分都曾受到奧爾梅克文明的影響，而馬雅卻是唯一疏漏的地方。但他猜測，當時的奧爾梅克雖在日益壯大，馬雅人卻絲毫不感興趣，所以奧爾梅克文明沒能夠融進馬雅。

後來，在史前古器物上，科博士與同事找到了一些痕跡，能夠說明奧爾梅克文明對馬雅文明產生的影響。奧爾梅克統治者在慶祝儀式上的著裝及奧爾梅克文明的藝術、宗教信仰、橡皮球遊戲等，從西元前一百年起就開始清晰出現在了馬雅城市中，這從痕跡中可以推斷。就連馬雅文明中經典的金色神像也與奧爾梅克神像有諸多的相似之處。另外，馬雅文明中有一些圖像——一個神為一群人圍著，接受人們獻上的食物和水。這些圖像塗在馬雅的城牆上，中間這個為人們所敬奉的神的頭像與奧爾梅克石像的頭像相比，也是幾乎一樣的。

所以，科博士認為，奧爾梅克文明和馬雅文明中間還經過了另一種文明——伊扎帕文明，奧爾梅克文明對馬雅文明的影響不是直接的，而是以一種非直接的方式進行的。

伊扎帕處於墨西哥恰帕斯內，伊扎帕文明曾經連接了奧爾梅克文明和馬雅文明。那裡曾經出現過很多古代寺廟，既有奧爾梅克雕像，又有馬雅油畫。

神祕的馬雅文明

關於「馬雅」文明的傳說，很多人都聽說過。提到馬雅人，大部分人會把他們與美洲叢林聯繫到一起。浮現在腦海中的也是一群印地安人，他們身著鮮豔羽毛服飾，趁著月光進行著神祕的儀式，法術高強的祭司站在中間，其他人繞著轉圈。的確，今天中美洲幽靜的叢林之中還有著馬雅人神祕的遺跡，那兒正是他們的居住地。

叢林裡的巨石遺跡

提起馬雅金字塔的名氣，可以說是僅次於埃及金字塔。馬雅金字塔與埃及金字塔相比不太一樣，埃及金字塔為四角錐形、金黃色，經過幾千年的風化作用，已有所腐蝕；而馬雅金字塔不完全為錐形，由灰白色的巨石堆成，呈灰白色，比埃及金字塔要矮一點，頂端有一個祭神的神殿。並且它的四周各有四座樓梯，每座九十一級階，加上最頂層的一階共三百六十五階（九十一乘四加一等於三百六十五），恰為一年的天數。

馬雅人的建築中處處可見與天體運行規律有關的數字，除了階梯數與一年的天數一致，金字塔的四面還各有表示馬雅的一個世紀為五十二年的五十二個四角浮雕。可見，馬雅人非常重視天文學資料。

以我們今天的眼光來看，馬雅的天文台不管是外觀還是功能，都與現在的天文台很相似，充滿著特色。比如凱若卡天文觀測塔就建在一個可以透過眾多小台階到達的平台上，巨大而精美。凱若卡天文觀測塔是一個圓筒狀的底樓建築，與現在的天文台相似，上面有一個半球型的蓋子（在現在天文台的設計中作為天文望遠鏡伸出的地方）。底樓有四個門對準東、西、南、北四個方位。這個地方的窗戶及閘廊還形成六條連線，並且至少有三條與天文相關，其中一條與春分或者秋分有關，另外兩條則與月亮的活動有關。

凱若卡天文觀測塔在馬雅遺跡中是最大的天文觀測塔，類似的建築也出現在其它的馬雅遺跡中，這些天文塔在位置上都與太陽及月亮對齊。近年來，專家們認為，地區性的天文觀測網在古時候的馬雅就已經建立起來了。

以今天的角度來看這些建築物足以令人震撼。比如馬雅金字塔，如何切鑿巨大的石塊，如何搬運這些巨石至叢林的深處，又如何堆積這些十幾噸重的石塊至七十公尺處？就現在人看來，如果沒有先進的起重設備及交通工具，也是難以完成這個任務的。而這個深居叢林的民族，為何要花這麼大的精力建立一個天文觀測網呢？據歷史的記載，伽利略在十六世紀才發明了望遠鏡，之後才出現了大型的天文台。可以肯定的是，馬雅人的天文觀測網觀念是相當先進的，因為近代才出現了天文觀測網的觀念，他們的科學與我們今天相比毫不落後。

馬雅文字之謎

馬雅人在西元前後創造了象形文字，他們是美洲唯一留下文字紀錄的民族。然而，出土於提卡爾的第一塊記載日期的石碑，卻是西元二九二年的產物。

如今，馬雅象形文字存下的總量很多，大都刻在墓室、廟宇的牆壁或石碑上，或雕在貝殼和玉器上，或用與中國式毛筆類似的筆書寫、描繪在榕樹皮、陶器和鞣製過的鹿皮上。僅在科潘遺址中的「象形文字梯道」上就發現了兩千五百多個象形文字，在這座寬八公尺、為數九十級的石頭金字塔台階上布滿著古怪而精美的象形文字，被稱為世界巨型銘刻的傑作之一。

馬雅的象形文字清晰表明了它所具有的宗教性質，象形文字與金字塔壇廟結合得異常緊密。僅存的四部抄本——《巴黎手抄本》、《德勒斯登手抄本》、《格羅里手抄本》和《馬德里手抄本》中的象形文字，也無疑主要用於宗教。由此可以推測，馬雅最初的象形文字，極有可能是將馬雅文明中的諸神祇形象中最突出的特點加以抽象化。馬雅文明中的神祇或長著皮諾丘般的長鼻子、或長著野象般的長獠牙，有的臉上還塗著黑圈以代表死亡和腐爛，形象都很特別。但象形文字通常只畫神祇的頭像，頭像即是代表他們的文字。

專家們於是推測，也許馬雅人持萬物有靈的觀念，比如他們將瓦罐看作瓦罐神、將北極星看作是北極星神。所以，有人看到了千百個不同神靈的頭像（面具）造型。這就是馬雅文字的起源及相關特徵。

無論如何，馬雅文明都遠在美洲另外兩個文明之上：阿茲特克只是對馬雅文字拙劣的模仿，印加則只會採用「結繩記事」之法。如果說人類進入文明時代的真正尺規是文字的發明和使用，那麼馬雅人獨立發展出一套精美絕倫的文字書寫體系，可以算作新大陸上最富智慧、最為文明化的民族了。然而，馬雅人留下的幾千本書或抄本中，僅存下倖免於西班牙傳教士蹂躪的四本。不管是燒在瓷器上，還是刻在石碑、門楣和其他石質建築上的幾乎所有殘存的馬雅文字，都由雕刻的文字和符號所組成，要破解這些文字也不是件容易的事。

最初研究馬雅文字的碑文學家把這些圖形和符號當成象形文字來研究，認為每個雕刻的文字都代表一個物體、概念或數字。專家們首先致力於破解馬雅人的數字系統，研究結果令人振奮：在馬雅人的數字系統裡，對「0」的使用時間竟比阿拉伯人早了好幾個世紀，他們是造詣很高的數學家。馬雅人同時相信時間是循環往復的，為了計算太陽曆的季節和年，他們還發明、完善了詳盡嚴密的日曆，他們是非常熟練的計時專家和天文學家。

馬雅文明的雛形到了二十世紀中葉逐漸分明：馬雅是一個帶有哲理性，集祭師、數學家和天文學家為一身的民族。他們對於時間流逝的計算和星相的觀察尤感興趣。許多學者相信，那些正處於破解過程中的馬雅雕刻文字肯定與曆法、天文和宗教都有密切關係。

透過大量的研究，學者們也獲得了一定的突破，比如俄國學者在一九六〇年研究馬雅文字期間，發現許多象形文字都含有相隔大約五十六到六十四年比較固定的時間段——這有可能是馬雅時期人的平均壽命。因此她總結出，馬雅文字裡寫的是皇族人員的誕生、統治、死亡及其戰爭，記錄的是歷史，而不是宗教。至此，人們第一次從記錄故事的角度去理解馬雅文字的內容。馬雅文字講述了統治者和皇族的命名、生日等生平事蹟，馬雅文明的歷史突然間有了一種特定的意義。

在此之後，科學家們已成功破解了馬雅文明中百分之八十以上的馬雅文字，對馬雅文化和馬雅社會都取得了新的認識成果。相信在不久的將來，一套全新的馬雅象形文字會展現在人們面前。

馬雅預言

馬雅的曆法中，有一個以一年為兩百六十天計算的「卓金曆」。但奇怪的是，在太陽系內並沒有一個適用這種曆法的星球。根據「卓金曆」，這顆行星的大致位置應該位於金星與地球之間。這個行星所代表的符號，與我們所熟知的太極陰陽圖非常相似，表達了馬雅人對銀河核心的描述。

而且有學者認為，馬雅人的「卓金曆」記載了「銀河季候」的運行規律。據「卓金曆」所言：地球現在已處在所謂的「第五個太陽紀」了。在這最後一個「太陽紀」中，太陽系所正經歷著的「大週期」從西元前三一一三年起到西元二〇一二年止，共歷時五千一百年。在此期間，處於運動中的太陽系及地球正在通過一束射線，這束射線來自銀河系核心，並且橫截面直徑為五千一百二十五地球年。也就是說，地球通過這束射線的時間長達五千一百二十五年。

馬雅人將「大週期」做了階段劃分並詳盡記載了每個階段的演化。「大週期」被劃分為十三個階段，每個階段又被劃分為二十個演化時期，每個演化時期又需歷時約二十年。

馬雅的「卓金曆」循環與中國的「干支」曆法很相似，都是循環不已的，而不像西元紀年只是直線發展。馬雅人認為，地球自創世已經過了四個太陽紀。當太陽系中的各個星體經歷完這個「大週期」，接受銀河射線的作用之後，就會發生根本變化。馬雅人稱這個變化為「同化銀河系」。

從馬雅預言中的「大週期」的時間上看，至今已到了馬雅人所謂的「地球更新期」。他們認為，今天所處的尾聲階段，是「同化銀河系」之前一個十分重要的時期，地球要在這個時期中完全達到淨化。這個時期過後，地球將走出這束來自銀河核心的銀河射線，進入一個新階段，即「同化銀河系」。

馬雅人的曆法精準，他們的預言應該也有一定的根據可依。當今的世界環境汙染嚴重、天災人禍不斷，馬雅人的預言能夠給予我們什麼樣的啟示，是值得我們思考的。

馬雅人創造的高度文明令人稱奇，但令人不解的是，究竟是什麼原因導致了古典期的馬雅文明突然消失？這個問題至今也沒有找到答案。對馬雅文明的湮滅之謎，科學家、考古學家提出了諸多的假設，諸如外族入侵、感染疾病、氣候變化、內部戰爭、人口爆炸等等。

在馬雅，占人口絕大多數的下層勞動者完全是文盲，只有極少數貴族和祭司掌握著高深的知識和文化。這些貴族知識分子長期過著養尊處優的生活，缺乏生存能力，以至於很快便消失在繁華殆盡之後；馬雅文明在進入契琴伊薩時代後與古典期有著些許不同，雖更具活力，繼承者卻沒辦法繼續契琴伊薩的精神，因此在西班牙人到達南美大陸之前，便已逐漸衰弱。

延伸閱讀——馬雅人有哪些宗教信仰

在馬雅文明中，占有重要位置的一種宗教是墨西哥的羽蛇神雕像宗教。馬雅的文字、天文曆法，以及建築所取得的偉大成就，很大程度上都歸功於其繁榮的宗教活動。可以說，馬雅文明是在神權政治的體制下建立起來的。

馬雅人的最高神叫做「羽蛇神」——魁札爾科亞特爾，是由鳳鳥羽毛和響尾蛇組合而成的，既是風神，又是金星（啟明星）。傳說它帶給了百姓文明和教化，因此它被視為城市的建立者、偉大的組織家、冶金學、數學和天文學之父。除此以外，這對乾旱的猶加敦半島來說還有一層非凡的意義，因為它還掌管著降雨、農業及豐收。在契琴伊薩的中心，還矗立著一座據說是祭拜羽蛇神的金字塔神殿，名曰庫庫爾坎神殿，占地達三千餘平方公尺。

至於馬雅人的祭祀活動，他們接受了托爾特克人祭祀文化的影響，頻繁而殘忍，無論是戰爭、節日，還是祈求豐收，諸多活動都有相關的祭祀儀式。在祭祀過程中，馬雅人不但準備豐富的珍寶作為祭品，為了祭奠太陽神，他們還會取用活人的心。在馬雅的各個城市之間經常會發生戰爭，而戰敗一方通常都會有大批的俘虜被俘，這些俘虜就會被當作祭品處死。

受益於宗教儀式的需要，馬雅人最先學會利用橡膠。他們用樹膠做成球狀的東西，很像現在的足球，然後在專門的大球場舉行殘忍的遊戲，遊戲雙方用除手以外的任何部位傳球，要在保證球不落地的前提下設法將球投入牆上的石圈中，輸的一方會被當作祭品處死。

探索中美洲的圖畫文字

文字在中美洲產生的時間很早。早在奧爾梅克文化時期，也就是耶穌紀元以前很久，就已經有了各種各樣的符號。其中，有些符號還原封不動沿用到後來的馬雅、阿茲特克等文明中，甚至在十六到十八世紀的晚期手稿中依然可以看到。

這些文字或被描刻、繪製在木頭和石頭上，或刻製成浮雕，遍布在民居、宗教建築及紀念碑的四壁。要想讀完這些文字，必須繞行建築物一周才可以。這些文章大多描述的是觀察到的天文現象或記載政府的更迭，並且標明日期，圖像豐富而清晰。

圖像文字的發展

據推測，中美洲最早是選用獸皮（主要是鹿皮）製作可移動書寫材料的。在早期，人們把無花果樹皮做成長「紙條」，把帶插圖的文章寫在這種「紙」上。然後把一片片的紙或獸皮捲成捲軸加以保存，或折疊起來，並用兩塊木片夾住起保護作用，做成「古書手抄本」。「古書手抄本」這個名字，也用來指與此相類似的歐洲手抄本。

後來，人們又開始在硬玉上刻字，這種用硬玉做成的面具和小雕像作為祭品送往遠方的神殿。硬玉上一般刻有宗教性短文，並說明其來歷，而以神話、歷史和宗教為主題的比較複雜的長文，則寫在陶器上。

過了很久，隨著棉花的種植，紡紗、織布製造的興起，人們開始在大塊的布上記載有著製圖及譜系方面的資訊。

圖畫文字的鮮明特徵

中美洲的文字體系因形式不同分為幾種，但有一個基本體系，就是都以圖畫為基礎。人們將圖像詳加整理，以譯解語言中基本的語義元素和語音元素，隨後便可以用來記錄人們的思想和知識，並創造出各種藝術作品。

中美洲的這些象形文字或圖文手稿與現代的連環畫很相似，而且每個圖形都必不可少。因為畫中的每一部分都表示一個概念或代表一個物體，同時也都有語音價值和造型價值。可以說，圖畫文字是對周圍事物直接觀察的產物，它們代表著植物、動物、手工製品，也是對人體各個部位的臨摹，並帶有不同程度的風格化，有時則完全以抽象的形式。

這些圖畫文字的每一幅都有特定的意義，絕對不是純裝飾性的，所以我們應把它們作為一個整體來理解。圖像根據每一組語言的需要都會有所改變，但它們最初還是有固定造型的。

在不同的文明中，符號的排列也不盡相同。比如在馬雅文化中，某些類型的符號是按直線排列的，同時也留出一塊水平或垂直的空間便於添加文字，尤其在記錄數學算式和按時間順序記載事件時更是如此。

然而，最早的詞符是畫在花框中的，這樣可以清楚看出圖形來。在中美洲的圖像中，最大的圖畫與其他的畫有所不同。在畫的大小上通常分為兩種：小幅的是雕刻畫，大幅的是繪畫。米斯特克和阿茲特克文化的手稿中不同的主題疊加在一起描繪出的風光景色，使各種資訊都一步步呈現了出來。

在阿茲特克人的納瓦語中，用來指傳統書寫系統的詞是「Tlacuiloa」，意為「邊寫邊畫」或「邊畫邊寫」，寫和畫在這裡是指同一個活動。雖然目前專家對破解阿茲特克人符號的研究工作才剛剛開始，但有一點可以肯定，即阿茲特克人的符號是一個雙重圖畫體系（雕刻與繪畫）。它起源於同一固定的造型，都以納瓦語的發音為基礎。

因此，圖像主要是藉助發音形成符號：由黑色輪廓線確定出一個形體，形成一個介面，在介面內塗上顏色。這樣形成的符號，記錄下了納瓦語中最基本的語音元素（音節）和語義元素。這些元素結合在一起，也就形成了字、句和段落。「書寫者兼畫家」創作的造型和語音作品，也就形成了「圖畫文章」，藝術家在這些「圖畫文章」內會標出閱讀這些形體和顏色的順序和方向。

中美洲的象形文字系統與其他系統也有不同，比如它把顏色作為基本要素。這些顏色的音節和其他元素的音節，包括它們容器的形狀結合在一起。但這一點絕不會削弱它們的表現能力。

這些古書抄本或圖畫文章在破解之前，必須先用納瓦語閱讀。如果想讀懂，讀者除了須解納瓦語之外，還得知道阿茲特克表達系統中代表形狀、介面和顏色的密碼。

新知博覽——古老而神祕的薩波特克文明

薩波特克文明位於墨西哥南部的瓦哈卡地區。印第安的薩波特克人在大約西元二〇〇到一五二一年創造了薩波特克文明。他們還建立了自己的宗教中心即著名的蒙特阿爾萬城，十世紀時由於米斯特克人的威脅，薩波特克人東遷至米特拉，從而留下了墨西哥至今保存最完好的歷史遺跡——米特拉城。

在中美洲的古文明中，薩波特克文明不像馬雅文明那樣能夠影響到中美洲的大片土地，但它的歷史也有兩千多年，早於我們熟悉的馬雅文明。薩波特克文明分布在 Monte Alban 山丘，位於今天墨西哥 Oaxaca 的附近。他們削平山頂後建造了一個廣場，另有許多建築物散布在廣場的附近。

薩波特克文明最為知名的是他們傑出的骨灰甕藝術與建築成就，同時他們的象形文字也是美洲大陸最早的成熟文字。

歷史學家將薩波特克文明的整個發展歷程分為了五個時期。

第一期（西元前五〇〇年到西元前二〇〇年）：薩波特克人對附近的部落吞併，並在石頭上刻下俘虜的造型，今稱「Los Danzantes」。

第二期（西元前二〇〇年到西元二五〇年）：薩波特克開始在 Monte Alban 山上建築房屋，穩握 Monte Alban 的領導權。

第三期（西元二五〇年到七〇〇年）：薩波特克文明的黃金時代，建造了大量的建築物，在 Monte Alban 發現的遺跡多數為此時期所建。

第四期（西元七〇〇年到一〇〇〇年）：薩波特克文明走向衰微，具體原因不知。

第五期（西元一〇〇〇年到一五〇〇年）：Monte Alban 只剩少數居民並與東北面的

Mixtecs 人混居。今天，分布於 Oaxaca 地區的薩波特克人後裔仍有近三十五萬，但他們與薩波特克文明已基本沒有關係。

雖然薩波特克文明與馬雅文明之間沒有直接的關係，但由於它們都受到了奧爾梅克這一被稱為「墨西哥和中美洲文明之母」的文明的影響，使得它們也存在著許多相似之處，比如文字和曆法等。

特奧蒂瓦坎的成就

西元十四世紀，有一座城市被阿茲特克人視為神祕的聖地，它位於墨西哥中部的丘陵地帶，阿茲特克人的首都就在這座城市的南面約四十公里處。阿茲特克文明的鼎盛興旺來臨之時，這座城市的輝煌與燦爛早已成為過去——在被遺棄了六百年之後，這裡只剩下一片殘垣斷壁。

阿茲特克人將這座城市命名為特奧蒂瓦坎，在印第安語中意為「眾神之城」。這座城市的所在位置地勢非常險峻，也許正是出於這個原因，阿茲特克人才幫它起了這樣一個名字。因為阿茲特克人相信，能在這個地方修建這樣一個城市的，只有巨人，而且這些巨人一定是神靈而非凡夫俗子。

城裡令人驚嘆的著名遺址

儘管後來特奧蒂瓦坎城神祕的銷聲匿跡了，但卻有很多著名的遺址留給後世。

太陽金字塔：太陽金字塔是一座巨大神殿，高六十五公尺、底邊長兩百二十五公尺。它是特奧蒂瓦坎遺址中規模最大的建築物，全世界排名第三。這座金字塔也許是為了舉行宗教儀式而建築，平坦的頂部有一座神殿。每年有兩次，太陽恰好照射到金字塔的正上方，在耀眼陽光的映襯下，整座神殿熠熠生輝。經由特奧蒂瓦坎人的精密計算，這種壯觀景象才得以呈現。據推測，巨大的金字塔內部還建造有另外一座神殿。

羽蛇神神殿：它是一座由四面院牆組成的神殿，而且是唯一的一座。從裝飾美的角度來評價，這座金字塔堪稱整個特奧蒂瓦坎建築遺跡中的最美建築。它的正面完全被魁札爾科亞特爾（羽蛇，水與農耕之神）和特拉洛克（雨之女神）的石雕裝飾所覆蓋。石壁表面殘留著的紅綠痕跡隱約可見，昭示著特奧蒂瓦坎昔日的繽紛絢麗。

凱查爾帕帕洛特爾宮：特奧蒂瓦坎建築遺跡中修復的最為完整的建築物之一。普遍認為，這裡是在月亮金字塔主持祭祀儀式的神官們的宅邸。中庭石柱上的凱查爾帕帕洛特爾浮雕以鳥為主題，至今依然保持著完整的造型和清晰的線條。在凱查爾帕帕洛特爾宮的西南面，還有一段通向美洲豹宮的台階。美洲豹宮的庭院呈半地下狀，周圍建有三個房間，這裡有三幅主題鮮明、殘色鮮豔，保持較完整的壁畫，分別是：「吹奏海螺的飛虎圖」、「凱查爾圖」和「雨之女神特拉洛克圖」。

黃泉大道：是一條貫穿特奧蒂瓦坎南北的大道，大道以北向東傾斜，角度的傾斜使得道路的南北兩端恰好錯開了二點七公尺。與黃泉大道垂直相交的，還有一條道路，有學者認為，南北、東西方向的兩條道路與宇宙星辰密切相關，與北方相呼應的是北斗七星中最明亮的那顆阿爾法星，東西兩端分別指向的是天狼星和昴宿星團。

月亮金字塔：特奧蒂瓦坎遺址中規模位居第二的金字塔建築。塔身高四十二公尺，底部面積邊為一百五十乘一百三十公尺。它本身要比太陽金字塔略低一些，但由於地勢隆起的原因，其頂部幾乎與太陽金字塔同高。從金字塔前面月亮廣場的規模來看，它應該有著更重要的地位，據此可以推知，大型宗教儀式大都以月亮金字塔為中心舉行。

影響後世的文化

處於繁盛時期（約西元二〇〇年到六五〇年）的特奧蒂瓦坎，人口至少達到十二點五萬人，甚至可達二十萬人。城市面積為二十平方公里，是古代美洲最大的城市，也是當時世界六大城市之一。

特奧蒂瓦坎城市的設計與周圍的景致渾然一體，相得益彰。從黃泉大道的正中央，可以看見不遠處的塞羅戈多山頂峰正屹立在月亮金字塔的塔尖上。城市的設計嚴格按照幾何圖形來布局，儀式中心就建在黃泉大道的南北軸線上，而管理中心、市場和「城堡」則建在東西軸線上。舉行宗教和祭祀活動的紀念物，都位於太陽金字塔的中軸線上，恰巧與太陽從初升到最高點的軌道相契合。從這種布局中可以看出人們對天文學的尊崇和信奉。在當時，崇拜太陽和研究天體對特奧蒂瓦坎社會來說應該具有極其重要的意義。

特奧蒂瓦坎是個依靠貿易發展起來的社會，等級森嚴，由神權政府管理。城市的財富大多來源於豐富的黑曜岩礦以及肥沃的土地。按照職業，人們被清楚劃分為不同的社會階層，如陶工、油漆匠、寶石拋光工、農民、漁民等。大部分居民從事手工業生產，還有一部分人從事商業，把各式各樣的商品遠銷到中美洲的很多地方。甚至在許多距離特奧蒂瓦坎十分遙遠的地方，都發現了特奧蒂瓦坎式樣的建築物和陶製品，比如位於瓜地馬拉的卡米納柳尤城和墨西哥灣沿岸的瑪塔卡潘城，反映出特奧蒂瓦坎在中美洲地區的影響之廣泛。

特奧蒂瓦坎曾經是一個世界性的大都市，不同種族的居民分布在城市的不同地區。這裡曾經是整個中美洲最重要的宗教、經濟和政治中心，當時的人們精通幾何、建築、天文和藝術。從裝飾宮殿四壁的繪畫所表現的神話故事和各種建築的布局中，可以看出特奧蒂瓦坎人重視天文甚於軍事。由此可以推知，這是一個以崇拜土地和農業神祇為根基的熱愛和平的文明城市。

特奧蒂瓦坎的影響幾乎波及整個中美洲，據現在的了解，受其影響的地區有三分之二的墨西哥、瓜地馬拉、宏都拉斯和貝里斯。尤其是製陶藝術和陶器，對馬雅文化和瓦哈卡文化都產生了極其深遠的影響。其他民族在幾個世紀內裡也一直供奉著特奧蒂瓦坎的神靈：例如掌管濕潤與肥沃的羽蛇魁札爾科亞特爾和雨神特拉洛克。

特奧蒂瓦坎為何消失

令人迷惑不解的是，在西元六五〇到七五〇年左右，曾經繁盛一時的特奧蒂瓦坎文明突然中斷了，此後陷入一片衰敗殘破的景象。這座在當時世界上首屈一指的大城市也突然被廢棄。不知是何原因，「眾神之城」的居民和它的文化好像都在瞬間銷聲匿跡。西元一〇〇〇年，托爾特克人占據了這座城市的部分地區。當隨後的阿茲特克文化在美洲中部高原興起時，特奧蒂瓦坎古城早已成為一片廢墟。特奧蒂瓦坎神祕滅亡的八百年後，當十六世紀西班牙人來到這裡時，看到的只有仍然生活在石器時代的阿茲特克人。

特奧蒂瓦坎莫名其妙的衰亡與它的興建一樣，都籠罩著一層神祕莫測的色彩，也令考古學家和史學家們百思不得其解。

最簡單的一種說法是城市遭到了外敵入侵。但是，特奧蒂瓦坎的社會發展水準——諸如組織能力、科學技術、經濟實力等方面，都遠遠高於當時美洲的其它所有民族。如果說這樣一種高度文明會被某些茹毛飲血的原始民族入侵而滅亡，那等於說今天科學技術高度先進的美國會在一夜之間被某個美洲或非洲的土人部落消滅一樣，實在令人匪夷所思。而且出土的文物、遺跡表明，特奧蒂瓦坎並未曾經歷過一場戰爭。

另一些考古學家在勘察了一些遺跡後推斷，特奧蒂瓦坎後期曾發生過大的火災，有些大火似乎還是人為的，而且曾經過事先周密計畫。他們確信是這場火災導致了這座古城的衰落。但是這種說法也經不起推敲，如果一種文化還有足夠的活力，幾場大火是不足以將之毀滅的。

還有人認為，特奧蒂瓦坎的衰亡是由於內訌。但從內亂到崩潰、再到衰亡總要有一段較長的過程，不會瞬間消亡；而且，特奧蒂瓦坎在衰亡後，城裡眾多的居民都去哪裡了呢？如果說他們融入到周圍的其它民族中去了，那他們掌握的先進的科學知識和高度先進的科學技術怎麼也一下子憑空消失了呢？

對於這些令學者們也費解的、糾纏不清的問題，倒是最先見到特奧蒂瓦坎遺址的阿茲特克人提出了最簡明扼要的答案：神建造了特奧蒂瓦坎，又離開了特奧蒂瓦坎！

延伸閱讀——特奧蒂瓦坎的雨神崇拜

雨神是特奧蒂瓦坎文明崇拜的一個重要的神，後來阿茲特克人把雨神稱為「特拉洛克」。

雨神長相奇特，有圓盤狀的眼睛和長而尖的牙齒，通常一手持著水罐，一手握著雷電。「特拉洛克」意為「來自土地」，這個名字表明了雨神擔負著把雨水從天上帶到人間，潤澤廣袤大地的重要職責。旱季快要結束時，阿茲特克人就會在高原上舉行儀式，乞求雨神再次把雨水普降大地。舉行這些儀式時，還要殺死一些活人來供奉神靈，因為鮮血被看成是生命的載體，是非常寶貴的東西，只有用鮮血來祭奠神靈才能保證雨神降雨和季節的循環。在特奧蒂瓦坎的很多壁畫中都可以看出人們從雨神那裡所蒙受的恩惠。這些壁畫裡，雨神總是置身於歡樂祥和中，圍繞在身邊的是載歌載舞的歡騰的人群，他們熱情歌頌讚美雨神帶來的豐饒與潤澤。

輝煌一時的阿茲特克文明

阿茲特克創造了輝煌的阿茲特克文明，開創了阿茲特克族最輝煌鼎盛的時期，他們是古代墨西哥文化舞台上最後一個角色。

阿茲特克族是北方的狩獵民族，生活貧窮居無定所，發展水準低下。後來侵入到墨西哥谷地，征服了那裡原有的居民即托爾特克人。特諾奇提特蘭是阿茲特克帝國的中心，在十六世紀西班牙殖民者入侵之前，擁有二十到三十萬人口，是當時世界上最繁榮的城市之一。它的文化不僅具有本民族的特色，還兼具其他部落的特色，其中比較明顯的一個方面就是其宗教信仰。在宗教的蔭庇下，阿茲特克的經濟得到了大力發展，而經濟的發展又推動了其他方面的發展，諸如教育、科學研究、天文學、曆法、文字、藝術等。

遺憾的是，阿茲特克人的輝煌文明最後慘遭西班牙殖民者的摧毀，它的歷史從此也就戛然而止。

燦爛的阿茲特克文明

阿茲特克文明在吸收了托爾特克文化和馬雅文明中許多成就的基礎上，創造了自己獨有的文化。

和其他地區的古代文明一樣，阿茲特克人也創造了象形文字，而且他們還會造紙，用於書寫，這樣很多古籍就得以留存後世。他們的文字中既有表意，也有象形，比如用火燒神殿表示某個地方已經被征服；用一隻鹿角來表示一隻鹿。除了紙張以外，用於書寫的材料還大量使用鹿皮和棉布，但也有一些文字是在石頭上書寫的。

在天文曆法方面，阿茲特克人對日月運行的規律和季節性的變化有一定程度的了解，據此精確制定出了兩種曆法：一種是「太陽曆」，即把一年分為十八個月，三百六十五天；一個月二十天，剩餘的五天，閏年（每四年一個閏年）加一天。第二種是「月亮曆」，一年分為十三個月，兩百六十天；一個月也是二十天。每五十二年，兩種曆法就會重合一次。阿茲特克人的這兩種曆法在很多方面都發揮了重要作用，比如在農業方面，確定了農耕季節，可以指導農業生產活動；其次在紀年方面，可用於記錄歷史事件的發生和歷史的發展；第三在祭祀方面，可以確定舉行祭祀儀式的具體日期，從而指導人們的宗教節日活動；最後在天文方面，可以記載天體運行的規律和重大的天文現象等。

阿茲特克人的陶器、繪畫以及建築藝術等，也都達到了極為高超的水準。當時，黑曜石是最具經濟價值的珍貴物品，用來製作各種物品，例如，祭祀時用的刀就是最為尋常的一樣物品。但是它製作技術要求很高，需要製作的薄且鋒利。阿茲特克人還用這種岩石為神像安裝眼睛。而最具特色的就是阿茲特克人雕鑿的黑曜石杯子。由於黑曜石又硬又脆，雕鑿這種杯子是很不容易的。

阿茲特克的首都特諾奇提特蘭，建有很多的公共設施，這些建築物多以白石砌成，宏麗壯觀。一般房屋的周圍可以看到固定在水面的木排，上面種有花草，猶如一個水上田園。城中心的主廟基部長一百公尺、寬九十公尺，有圍牆環繞，塔頂建有神殿，用以供奉主神維齊洛波奇特利和雨神特拉洛克。祭壇的四周還有蛇頭石雕，壇下的大石重達十噸，上面刻有被肢解的月亮女神圖案。一七九〇年，在墨西哥城中心廣場發現直徑近四公尺，重約一百二十噸的「第五太陽石」，上面刻有阿茲特克宗教傳說中創世以來四個時代的圖像，顯示了阿茲特克人高超的石雕藝術水準。

阿茲特克人有著非常優秀的建築才能。他們的首府特諾奇提特蘭建在一座島上，有三條寬十公尺的石堤與島外的陸地相通，石堤每隔一定的距離就有一道橫渠，並在渠上架設吊橋。而且吊橋可以隨時收放，用來防外敵的入侵。城中還建有宮殿、神殿、學校、官邸等，最大的一座金字塔規模能夠與古埃及的相媲美。

由於城市人口稠密，阿茲特克人為了滿足對糧食的需要，還在湖中建造了非常獨特的「水上園地」，來擴大糧食種植面積。島城四面環水，市內河道縱橫，景色富麗，令殖民者嘆為觀止，驚呼它為「世界花園」。

阿茲特克人還開創了許多優秀文化，並在此基礎上推陳出新，發揚光大。在教育方面，他們創辦各級學校，規定從孩提時就要開始接受教育，而且沒有性別限制。人們不但要接受自然、歷史、法律、宗教、體育、軍事和科學等教育，還要接受道德教育。

宗教在阿茲特克人生活中也有重要的地位。人們信奉靈魂永存，並相信有至高無上的主宰存在。他們崇拜自然神，被視為太陽神和戰爭之神的主神維齊洛波奇特利，還有其他的神例如：創造神特洛克－納瓦克、太陽神托南辛、雨神特拉洛克、玉米神希洛內、羽蛇神克查爾科阿特爾、「雙頭神」奧梅特庫特利及其妻子奧梅奇華特爾等。國王則被看作是神的化身，祭神時把戰俘當作犧牲品，以活人為祭品是其特異習俗之一，每年祭祀神靈都有數千人。而武士還以獻身祭壇為榮。

阿茲特克文明的毀滅

正當阿茲特克帝國的發展處於鼎盛時期之時，卻遭到了來自大西洋彼岸入侵者的摧殘踐踏，這個輝煌文明最後被西班牙殖民者所摧毀，阿茲特克發展的歷史從此被畫上了句號。

其實，在墨西哥灣和加勒比海沿岸，西班牙人很早就開始了殖民活動。一五一八年前後，一些西班牙的殖民者在墨西哥沿岸獲知一些關於阿茲特克帝國的情況，便開始覬覦這個充滿黃金的天堂。

一五一九年，西班牙的一個小貴族科爾特斯滿懷野心強行出海，並打敗了墨西哥沿岸奮起抵抗的印第安人，俘獲了一個印第安女子。她是一個阿茲特克酋長的女兒，懂得馬雅語和阿茲特克語，後改信基督教，取名瑪麗娜。她很快又學會了西班牙語，成為科爾特斯在征戰過程中的翻譯。

一五一九年四月，科爾特斯沿海岸向北行駛，兩天之後到達阿茲特克王國境內。阿茲特克國王孟蒂祖瑪二世早已探知到了他的行蹤，於是派一些印第安酋長沿途安撫科爾特斯，給他提供食宿，並送去了黃金和各種禮物，希望以此來阻止科爾特斯的入侵。但是，這些寶物非但並沒有打消科爾特斯的進攻念頭，反而助長了他征服阿茲特克帝國的野心和掠奪財物的欲望。

一五一九年十一月八日，科爾特斯如願的進入了特諾奇提特蘭，並受到了阿茲特克人的擁護。進城後，西班牙人趁機俘虜了國王孟蒂祖瑪二世，並在其王宮地下室裡掠奪大量財寶。一五二〇年，在一次阿茲特克人的宗教活動中，西班牙人大肆屠殺阿茲特克人，遭到了阿茲特克人的奮力反抗，將西班牙人的駐地圍得水洩不通。一五二〇年六月三十日夜，科爾特斯發起突圍，狼狽不堪逃出了特諾奇提特蘭城。

一九二一年四月，科爾特斯再次圍攻特諾奇提特蘭，阿茲特克人在新首領夸烏特莫克的領導下英勇頑強的抵抗。八月，西班牙殖民者攻入特諾奇提特蘭城內，並徹底摧毀了這座著名的印第安城市。

儘管阿茲特克文明就此毀滅了，但阿茲特克帝國給後人留下了豐富的遺產。到現在，玉米已經在世界各地扎根，特諾奇提特蘭雖然被毀滅了，但它在人們的記憶裡仍是一座輝煌燦爛的古城。阿茲特克的帝國雖然被毀滅了，但它的文明並未被消滅。像其他的美洲印第安文明一樣，仍然在人類的歷史長河中彰顯著它們的魅力。阿茲特克文明及其它美洲的印第安文明，就像一顆明珠一樣璀璨奪目、經久不衰。

相關連結——特諾奇提特蘭

特諾奇提特蘭是阿茲特克人根據一個古老的預言建造起來的。預言說，如果阿茲特克人看見一隻老鷹站在一叢石頭中長出來的仙人掌上吞吃一條蛇，他們就找到了自己的安居之地。

阿茲特克人在特斯科科湖的一個島嶼上，發現了這樣一個地方。但是，要在這樣一個沼澤密布的島上建造一座城市，難度很大，希望似乎十分渺茫。因為所有的材料都要用木筏運送到島上，包括大量的石材和用來打地基的樹幹。為此，阿茲特克人必須克服種種巨大的困難。

阿茲特克人經過辛苦勞作，取得了令人驚嘆的成果：建成後的特諾奇提特蘭水道縱橫，多條堤壩連接城市與湖岸之間。一千五百年時，特諾奇提特蘭的人口已達到二十萬，比當時的任何一座城市都要大很多。

如今，特諾奇提特蘭的大部分都已不復存在了，而在這座城市的遺址上矗立著另外一個現代大都市——墨西哥城。

燦爛耀眼的印加文明

在古印第安文明中，有一支著名的文明，即印加文明。印加文明的影響範圍北起哥倫比亞南部的安卡斯馬約河、南至智利中部的馬烏萊河，全長四千八百公里，東西最寬處五百公里，總面積達九十多萬平方公里，人口超過一千萬。

總體說來，印加文明涵蓋了現今厄瓜多山區部分、祕魯山區部分、玻利維亞高原地區、半個智利和阿根廷西北部等地。

印加文明的基礎——印加帝國

印加文明的得名原因是印加人統一了中安地斯山區，建立了印加帝國。印加人原是一個生活在的的喀喀湖中的部落，十世紀以後，他們逐漸北遷，於一二四三年來到現如今的庫斯科，並在瓦納卡里山上安營紮寨。據印加人傳說，當時他們的首領是曼科．卡派克。從這個首領開始，到一五三二年被西班牙征服者皮薩羅殺害的末代首領阿塔瓦爾帕，印加國大約經過整整三個世紀的發展歷程。

印加國原本叫做「塔萬廷蘇龍」，意為「四方之地」，首都就是庫斯科。全國按方位分為四個大的行政區，稱為「蘇龍」。其中西北方位稱為欽查蘇龍，包括厄瓜多、祕魯北部和中部；西南方位稱為庫蒂蘇龍，包括祕魯南部和智利北部；東北方位稱為安蒂蘇龍，包括東部森林和烏卡亞利河一帶；東南方位稱為科亞蘇龍，面積最大，包括現今玻利維亞大部國土、阿根廷西北山區和半個智利。

「印加」一詞的本義是「首領」、「大王」的意思，即塔萬廷蘇龍的最高統治者。西班牙人到來這裡後，簡單地用「印加」一詞來指這個國家及其居民，這個稱謂逐漸約定俗成。

印加帝國被稱為「美洲的羅馬」，因為它有一套聞名於世的完整國家體制。印加國是一個奴隸制國家，奴隸主階級包括印加王、王室貴族、高級官吏和祭司。他們不用從事生產勞動就可以過上奢侈的生活。印加王被譽為太陽之子，是神的化身，擁有著至高無上的權力，獨攬國家政治、軍事和宗教大權。為了維護其統治，印加王還建立了以中央集權為中心的政治制度，透過各級官吏，牢牢掌控著全國。

印加文明的科學成就

印加人能在中安地斯山區建立這樣一個地域廣闊的國家，是建立在當地先進的經濟文化水準上的。

在醫藥學方面，印加人有著非常令人驚嘆的成就。他們的外科手術，尤其是穿顱術，在當時已經居於世界先進行列。手術刀是一種「T」形銅刀，鋒利無比。而且印加人還精通與外科手術相伴而生的麻醉術。此外，印加人對多種草藥，如奎寧、可可等，也有一定的了解。

在天文、曆法和數學方面，印加人的研究也有相當高的水準。印加人在首都庫斯科的城東、城西建造了四座天文觀象台，另有一座設在中心廣場。根據長期研究觀測，印加人測得地球運行週期是三百六十五天零六小時，並據此制定了太陽曆。此外，印加人根據對月亮的觀測結果制定的另一種曆法是陰曆，包括三百五十四天。與阿茲特克人和馬雅人不同的是，印加人在數學上採用十進位制。但是，印加人沒有創製文字，他們用結繩的方法計數，在克丘亞語中稱為「基普」，即在一條主繩上結出很多小繩，用結節表示數字，用不同的顏色和長度來表明不同的類別。

在音樂、文學方面，印加人也有很高的造詣。有人認為，印加音樂可以和歐洲的古代民歌相媲美，甚至還略高一籌；還有的人認為，印加音樂具有的水準和表現手法與亞洲古代音樂相似。由於印加人沒有完整的文字系統，文學樣式多是戲劇和口頭傳說。其中最著名的是在西班牙人到來前就已廣泛流傳於中安地斯山區的《奧揚泰》，在殖民時代初有人用克丘亞文字（西班牙傳教士創製）把它寫成劇本，並在世界古典文學名著中占有一席之地。

在紡織技術方面，印加人的也達到了較高的水準。早在西元前兩千年，他們就已經掌握紡紗織布的技術了。他們製作的毛織品和棉織品花色多樣，色彩鮮活，手工精細。比如一幅一千年前留下來的地毯，每英寸含五百根絨紗，而歐洲中世紀同類的織物卻只含一百根絨紗。在南部沿海皮斯科附近出土的木乃伊套服，被稱為「世界紡織品的奇蹟之一」。

印加人的製陶業也有所發展，印加帝國時期陶器的主要特點是具有高超的磨光技術、裝飾典雅精緻、圖案精美、色彩絢麗。在陶器的製作技術和式樣等方面，他們不僅吸取借鑑了前人及同時代其他地區的經驗，還加入了一些自己的創新和突破。

印加文明的文字之謎

既然印加文明具有如此先進的水準，而且已經是階級社會，那麼它究竟有沒有自己的文字呢？有的學者認為，印加人發明了自己的文字。那麼是一些什麼樣的文字呢？

對此學者們說法不一。有學者稱，印加人的祕密文字就是畫在布板或其他織物上的一幅圖畫。據最早入侵印加王國的西班牙人稱，在庫斯科太陽神殿附近有一幢房屋，叫做「普金坎查」，裡面珍藏著很多畫在粗布上的畫，都被裝在金框中。除印加王和專職的保管員以外的人都不能靠近這些畫。西班牙總督托萊多聲稱他親眼見過那些布畫，上面畫有各種人像和一些奇怪的符號。後來西班牙殖民者入侵時搶走了這些黃金鏡框，並且焚毀了所有的圖畫，從此，這些「祕密文字」也隨之化作灰燼。

也有學者稱，目前發現了一些畫在古板上組成的一排排四邊形，呈堡壘形狀，就是印加人的文字。還有學者認為，在印加陶器了一些類似豆子的符號，可能就是他們的文字，只是還沒有被破解出來罷了。

一九八〇年五月，英國工程師威廉．伯恩斯．格林提出這樣一個觀點：印加文字是由十六個輔音和五個母音組成的，這種祕密文字是美洲最早的象形文字和表意文字之一。然而，史學界、考古學界專家與學者並不接受這些觀點。

大多數學者都認為，印加人是沒有自己的文字的，而且至今為止也確實沒有確切的證據證明印加人有自己的文字。曾參加過征服印加王國的西班牙編年史學家佩德羅．西埃薩稱，當時印加人記帳、統計人口、記載軍事和歷史傳說是用十進位的結繩記事法。後來，大量的考古發現也證實了這一說法，即印加人用結繩記事法來儲存並傳遞資訊。印加人把這種結繩記事稱為「基普」。如果一定要說印加人有文字，那麼「基普」就是他們的文字。

目前已發現不少這種記事繩，最長的一條是一九八一年一月九日在祕魯利馬少拉帕斯村發掘出來的，有兩百五十公尺長。記事繩一般是用羊駝毛或駱馬毛編成的，主繩兩側繫著成排的細繩，形狀如麥穗，有的多達上百條。細繩塗有各種顏色，有的再拴上更細的繩子。不同的事物由不同的顏色表示，紅色表示士兵，黑色表示時日，褐色表示馬鈴薯，黃、白、分別代表金、銀。細繩上還打上形狀和位置不同的結，來表示具體的數字，離主繩最遠的結是個位，然後依次是十位、百位、千位，代表萬的結最靠近主繩，萬也是印加人知道的最大的數。印加人就是這樣藉助結繩記事的方法來記載當時所發生的各種自然現象和重大事件的。

而印加王則透過原始的郵政系統傳遞記事繩，來了解各地的收成、治安等重要情況。在印加王國中，有專門負責掌管和運用「基普」的官員，叫做「基普卡馬約」，一般由貴族和貴族子弟來擔任。他們經常陪同印加王使臣去各地巡遊視察，監督稅收並進行人口統計，可以說是王室的會計兼祕書。他們根據記事繩的記錄向國王彙報情況。在印加王國的貴族子弟學校裡，還有學科專門教授結繩記事的知識和方法。

不過，究竟上述說法是真是假？印加人到底有沒有自己的文字？至今尚未定論。

延伸閱讀——印加的太陽神

在印加人看來，他們的國王具有神性，是太陽神的兒子，而首都庫斯科則是宇宙的中心。

「庫斯科」意為「世界的肚臍」。事實上，庫斯科城是舉行宗教儀式的中心，居住在這裡的人都都是貴族。

庫斯科是一個井然有序的城市，到處都是廟宇和宮殿，這些建築色彩鮮豔，金碧輝煌，還懸掛著五顏六色的紡織品作為裝飾。每年，人們都要到位於市中心的太陽廟舉行祭奠太陽神的慶典活動。在節日期間，已故印加王的木乃伊都會被拿出來展示，供人們祭奠。

庫斯科的平民們都居住在圍繞庫斯科城的十二個城鎮裡，他們不能正視印加的臉，甚至都不能注視貴族，因為貴族們也都是印加的親戚。平民們見到印加或者貴族時，要舉起手裡的籃子，匍匐在地上，以示地位的低微。

通常來說，印加都要娶自己的一個親姐妹作為他地位最顯赫的妻子。除了這位妻子，他還可以有很多妻妾，因此印有很多子女。很多妻妾在印加死後被扼死，伴隨印加進入天堂。新的印加是在老印加的眾多兒子中挑選出來的，挑選新印加往往會引發激烈的王室內部爭鬥。

印加人對蒂瓦納庫城這座已經成為廢墟的城市十分景仰，他們的宗教信仰就源於這座城市。至高無上的維拉科查是印加人信奉的造物神，他也是所有生靈的統治者。據說，維拉科查早在傳說中時代曾蒞臨過蒂瓦納庫王國，隨後就跨越太平洋到太陽落下的地方去了——但是，有朝一日，偉大的造物主可能還會回來開創新的黃金時代。

成就輝煌的歐洲文明

最早的文字起源於歐洲嗎

一直以來，有關文字起源於哪裡都存在著諸多爭論。近期，兩位歐美考古學家提出了新的見解，認為「文明搖籃」是歐洲，而非西亞地區。

古代歐洲的神職人員早在古代蘇美人使用文字前數千年，就已經創造出了人類歷史上第一批文字。曾在過去的七千年中，我們人類煞費苦心搜尋和創造能夠記錄以及儲存資訊的圖畫、符號，使六百六十種語言形成文字；而無文字的語言則要遠遠大於這一數字，達到數千種。

文字起源仿佛一部偵探小說

為了弄清文字的真正起源，定居芬蘭的德國語言學家哈拉爾德．哈爾曼，他從總體上觀察和探討了語言文字史，並將其劃分為成百上千個語言分系統，再按不同專業歸類，以便能分門別類地加以闡釋。哈爾曼獻身這一巨大工程的力作就是卡普斯出版社出版的《世界文字史》。這部厚達五百七十頁的著作將所有文字體系集於考證，是迄今為止極為詳盡的一部珍貴文獻。這位史前史專家在其著作中所描述的內容讀起來非常像一部偵探小說：要緘默數千年的「證人」開口；就得理順各種文字之間的橫向關係；用充分的理由修補它們之間短缺的環節；迄今為止，形成一幅將被教科書一直採用的文字起源學說徹底否定的生動畫面。

在他的著作中，哈爾曼提出了諸多自己的觀點。他認為，世界上最早的文字體系並不是出自古蘇美人之手。此前的兩千年，即西元前五三〇〇和三五〇〇年之間，在古代歐洲的一個文化區就已經使用過一種至今尚未破解的文字。這種歷經數千年漫長歲月的文字的殘跡如今才被發現。

其次這裡的書寫也並非源於某個史前高度文化的地區，然後輸出到其他文化區。這些文字和符號乃是由世界上不同地區的書寫者，彼此都是獨立地創造的。

此外他還認為，最早一批不流暢的文字符號是由神職人員刻畫在書寫材料上的、而不是由世俗官吏所作。這裡起草的各種公告均涉及到上界諸神。書寫在經過若干世紀之後，才逐漸為世俗百姓所採用。

溫查文化的驚人發現

專家學者們歷來都認為，在西亞一些文化地區才是「文明搖籃」和文字的發源地。而美國一位女考古學家對這一觀點持否定態度，她有力還原了文字史的本來面目：在歷史文物被挖掘的過程中，她發現了一種古代歐洲殘存下來的文字符號，這種殘存下來的文字符號可追溯到西元前七千至西元前六千年。基於這一發現，自巴爾幹中部和東部山脈到烏克蘭西部，再由多瑙河中游到亞得里亞海南部，這些地區均是世界上最古老的文明形成地。這種文明是由操著印歐語的農民創造的，他們當時已擁有占地十公頃以上類似城市的居民點。古代歐洲人在該地區以其鮮明的宗教觀念、特定的製陶技術以及別具一格的建築風格，是區別於歐洲的其他地區。在他們的冥冥天國中，生活著乳房碩大、臀部凸出的女性神祇。除了金牛神外，他們的宗教觀念中沒有其他男性上帝。由此看來，這些人當時正處於母系社會。

考古學家沿著這位女考古學家的足跡，先後發掘出在西元前五千年時，曾繁榮一時的五個古歐洲文化區遺址。因這些人類最古老的文字的見證，是發現於南斯拉夫貝爾格勒以東十四公里的溫查城，便被命名為「溫查文化」。

十九世紀，科學家們在古歐洲局部文化區就曾不止一次發現過潦草難認的字跡。儘管如此，他們仍固執認為，古蘇美商人不但為巴爾幹地區的居民運去商品，還為他們提供了第一批文字。但近二十年來，由於確定絕對年代的科學技術不斷得到改進，這種說法才開始受到衝擊。溫查文化的符號與古代蘇美人的象形文字在藉助於確定絕對年代法證明下，得出它們之間存有一個長達兩千年的歷史空隙。由此研究人員認識到，溫查文字決不是從外域傳入的，而是「土生土長」形成的。在殘存的陶土上，研究人員還找到了兩百多個包括數字和度量衡在內的單個字元。

經研究人員發現，在漫長的人類歷史上，首批文字應該純係宗教文字。因為所有寫有文字的大宗出土文物，都是在宗教寺院和祭祀場所被發現的。這很清楚表明，用這種新穎的方法，來記載宗教禮儀與祭祖活動、殯葬儀式和豐收祭典是神職人員最早的試驗。顯然，這種書寫祕密一向被他們嚴守著，書寫也一向被宗教界人士所壟斷。

歐洲原始文字的遺存

儘管上述發現令人興奮，就在西元前四千年中葉，宗教文字突然無處尋覓了。當時，來自南俄草原的另一支操著印歐語的游牧戰士野蠻侵入歐洲農民居住區。在其殘酷統治下，再度陷入長達兩千年之久的歐洲將是無文字時代。

不過，在最近的研究成果證明，所有的古歐洲文字並非都在歷史上消失了。在古代歐洲宗教文字被毀了一千多年以後，在白堊上，仍有人潦草刻畫類似於溫查文化中那樣的女性偶像。人們還發現，西元前兩千年至今，但是克里特島宗教文字尚無法解讀——「線性文字A」，它還留下了六十多個古歐洲單個符號。這也說明古歐洲文字，有近三分之一的文字的不曾毀滅。

古代歐洲人所使用的文字符號，殘存的部分在蘇美文字中也曾有出現，比如一些螺紋形花飾、生命之樹或烏頭神仙等。文字專家們還發現，從一開始就很合乎文體的古蘇美人象形文字，在其初級階段，人們則從未發現過所使用的自然主義符號。因此他們推測，古代歐洲人很可能曾在蘇美人的誕生地生活過，但是此推測尚無法予以證實。

當他在談及文字何以多元時稱，第一批符號是在「古代歐洲文化區、美索不達米亞、埃及、印度河文化區、中國、中美洲等地在各自文化不斷發展的過程中彼此獨立形成的」。

在上述各地區中，顯然神職人員才會使一切文明的關鍵方法取得進展的。在經過神職人員沉默數百年之後，他們終於揭開了一向被壟斷手寫體文字的祕密。這種象形文字以及符號草擬的法律條文、還有簽訂購貨合約或撰寫編年史從此才得以被世人使用。

事實上，神職人員也並非輕而易舉就掌握了這種書寫技藝。他們的祖先早在一點五萬年前，就在鬆脆的山崖上刻畫過第一批帶文字性的連續圖畫。這種古歐洲刻畫符號的發生和發展時間大體相當於中國的仰韶時代。在當時，中國也有類似的刻畫和符號，但也同樣沒有得到破解，而只有古蘇美文字是已經被破解。

新知博覽——腓尼基人

在歷史上上，腓尼基屬於一個古老的民族，他們曾經建立過一個高度文明的古代國家。腓尼基人曾生活在地中海東岸，相當於今天的黎巴嫩和敘利亞沿海一帶。

腓尼基城邦的繁榮時期是在西元前十世紀至西元前八世紀。在古代世界就有最著名的航海家和商人之稱的便是腓尼基人，他們狹長的船隻踏遍地中海的任一角落，每個港口都能見到腓尼基商人的蹤影。

有關腓尼基人消失在歷史的煙波雲海之中，都是出自他們的記載，大多都出自曾吃過腓尼基人苦頭的希臘人和羅馬人。所以，今天我們所了解的關於腓尼基人的材料是少之又少、很不全面。據說，「腓尼基」是古代希的臘語，意思是「絳紫色的國度」，緣由是該居住地區的地方特產是紫紅色染料。經常會有奴隸被腓尼基人強迫潛入海底採取海蚌，從採取的海蚌中提取出鮮豔而牢固的顏料，再用紫紅色染成花色的布匹運銷地中海各國。

就如當時的埃及、巴比倫、西臺以及希臘的貴族和僧侶，他們都特別喜歡穿紫紅色的袍子，但是這種顏色不足之處是容易褪色。然而他們發現，在地中海東岸居住的一些人，也穿著類色他們的鮮亮的紫紅色衣服，可他們的衣服似乎不會褪色。即使衣服穿破了，它們的顏色卻跟新的時候一樣。所以，大家把這裡的居民叫做「紫紅色的人」，即腓尼基人。

有學者透過研究認為，歐洲最早發明字母文字的就是腓尼基人。因為他們覺得楔形文字很繁難，需要一種書寫簡便些的文字。這樣，在西元前一三〇〇年左右，有人就參照埃及的象形文字，創造出了用二十二個輔音字母表示的文字。現如今歐洲各國的拼音字母，差不多它們都來源於腓尼基字母。因此，腓尼基字母文字也算得上是歐洲拼音文字的始祖。

後來，古希臘人又在腓尼基字母的基礎上增加了一些母音字母，創造了希臘文。他們更沒有忘記發明字母的功勞應歸於腓尼基人。希臘人傳說：從前有一個聰明的腓尼基木匠，叫卡德穆斯。有一次他在別人家幹活，急需一樣工具，但是他忘記給帶了。他順勢就劈了一片木頭，在其上面寫了點什麼，便讓一個奴隸送給在家中的妻子。他的妻子看了木片後，什麼話也沒說，就遞給了奴隸一件工具。奴隸非常驚訝，認為木片是用一種神祕的方式說出了主人需要的東西。據說木片上面所寫的，就是腓尼基第一次出現的字母文字。

當然，字母文字非卡德穆斯一人發明的，它是由許許多多的腓尼基人在長期的實踐中集體創造、逐漸形成的。

愛琴海邊的愛琴文明

愛琴文明，源自西元前二十世紀至前十二世紀，因圍繞著愛琴海域而得此名，它是存在於地中海東部的愛琴海島、希臘半島及安納托力亞西部的歐洲青銅時代的文明。愛琴文明早於希臘文明，是最早的歐洲文明，也是西方文明的源泉。

愛琴文明主要包括米諾斯和邁錫尼這兩個大階段的文明。同時，愛琴文明也有興旺的農業和海上貿易，宮室建築及繪畫藝術在當時是相當的先進，它更是世界古代文明的一個重要代表。

克里特島文明

最早的愛琴文明起源於克里特島，後來才逐漸被傳播到希臘大陸和安納托力亞。克里特文明在西元前一七〇〇至前一四〇〇年間發展到了繁盛時期，但不久卻突然衰退了，愛琴文明的中心也隨之轉移到了希臘半島的邁錫尼。

西元前六千年，克里特最早的新石器文化遺址約便始於此時。此時的居民多居住在洞穴當中，後期發展較平穩。當時的銅器、青銅器逐漸增多，匕首在西元前二五〇〇年後占據很大比重。這時大概由基克拉澤斯群島傳來了冶金術，而石瓶、印章、黃金飾物等的製作，也頗為引人注目。從大量的私人印章、豪華炫目的金銀首飾以及東克里特發現的大型L形建築來看，當時手工業生產的發展才導致了進一步的勞動分工、商品交換和社會分化。就在西元前三千年末，愈演愈烈的私有制和貧富分化已經相當發展。

在西元前二五〇〇年左右，便有來自北非南遷的移民遷至南克里特，與當地居民相混合，其間這些人還從埃及輸入了大量的藍釉陶珠、彩瓶、象牙和裝飾品等。但是，這裡的克里特文化從一開始就沒有複製和模仿外來文化，而是加以吸收改造，逐步形成它自己的風格。

克里特文明其最大的特徵就是宮殿的修築，在每個城市，國家多圍繞王宮而形成，因為宮廷是國家的經濟、政治和文化的中心。不過，由於克里特容易發生地震，所以各地的王宮大多都遭到過破壞和進行重建。許多學者們給予這一特點，將克里特文化的發展劃分成：前王宮時期（約西元前三千年）、古王宮時期（約西元前二〇〇〇至前一七〇〇年）、新王宮時期（約西元前一七〇〇年至一四五〇年或一三八〇年）和後王宮時期（約西元前一四五〇年或前一三八〇至一一〇〇年）。

在古王宮時期克里特文明便有了初步的形成和發展。從現今發現的遺址看，最初興起於克里特島中部和東部地區的國家主要有克諾索斯、法埃斯特、馬里亞、古爾尼亞、菲拉卡斯楚等。其中，以克里特島中部北岸的克諾索斯和中部南岸的法埃斯特最強盛，各為較大的城市，並擁有海港。兩者之間還有道路相通，縱貫克里特島。在古王宮的末期，大概克諾索斯已統一全島。據希臘神話傳說在克里特島有米諾斯王，學者們認為，克諾索斯的王朝為米諾斯王朝，因此克里特文化也被名為米諾斯文明。

此時，克里特還出現了歐洲地區最早的文字，初呈圖形，後來字體逐漸簡化為線形，並向音節符號演進，人稱「線形文字A」。但是這些文字至今仍未被釋讀。

克里特島的東部平原適於農耕，農業以種植穀物、橄欖、葡萄為主，此外還大宗出產橄欖油和葡萄酒。因此，王宮儲存油和酒皆特置貯藏室以巨甕，往往庫房連接成行，甕缸數以千百計，可見當時在農業生產和日常生活中油以及酒的重要性。

克里特在經濟發展方面的主要成就是工商業和航海貿易。其手工產品以精巧秀麗而著稱，以及日用品和工藝品都是銅器和金銀製作的，其相當精美。尤其以陶器最為突出，被公認為古代世界最精美的彩陶，就是古王宮時期生產的一種稱為卡馬雷斯的彩陶，它秀巧可愛，彩繪優雅。

當時的造船業也很先進，其商船主要來往於地中海，還有相當數量的海軍艦隻，成為當時各個城市的主要防衛力量。所以，在克里特的城市和王宮都不會設計厚牆高壘，這有別於其他古代文明重視城防建築。

克里特主要還是用自己的農工產品與地中海各地進行貿易活動，尤其和當時的埃及聯繫最為密切，所用就有後來的黃金、象牙、皂石印章和高級奢侈品等，這些大都來自埃及。埃及中王國第十二王朝的文物在古王宮時期曾流傳到克里特。其工商業和海運的先進從而進一步促進城市的興旺，這也是與日後希臘文明形成共有的特色。但是，一開始克里特就是以王宮為政治中心的，統一後王權自然加強，其建築也越來越富麗豪華，這也標明了它的城市是王朝統治的中心。這也成為它與日後希臘奉行共和政治的城市國家的一個最大差別。

這裡由於克里特的線形文字A還沒有釋讀成功，所以我們對其政治歷史和社會結構知道得不多。但可以肯定的是，它的創造者與日後的希臘人不是同一種族；此外，米諾斯王朝統治無疑奴役大量奴隸和農民，與古代東方各國有相似。近年還發現，在克里特保留著以人作犧牲祭神的習俗，更進一步的反映其社會的奴隸制實質。西元前一四五〇年左右，克諾索斯王宮被操著希臘語的人占領了，克里特文明從此標誌的便是衰落。從這以後，愛琴文明的中心便從克里特轉移到了希臘本土的邁錫尼地區。

邁錫尼文明

邁錫尼人與克里特的米諾斯人不屬於同一民族，其語言屬印歐語系，是從歐洲內陸由北而南進入希臘的。可以說，希臘人中最早到來的一支是邁錫尼人，大約在西元前兩千年前後就定居在伯羅奔尼撒半島了。此時，克里特已經建立了米諾斯文明，而希臘本土的邁錫尼人卻比較落後。雖然已經進入銅器時代，但還沒有建立國家，因此他們是在克里特直接影響下逐漸向文明過渡，到西元前一六〇〇年才稱王立國。這時的王朝按考古發掘的資料而稱之為豎井墓王朝，大約持續了百餘年，到西元前一五〇〇年後才為圓頂墓王朝取代。

在邁錫尼城堡內外的兩座墓園中發現豎井墓王朝的主要文物。其園中有眾多的王族墓葬，它的裡面葬著豐富的金銀陪葬品，數量之多為世所罕見，僅其中的一墓穴就有八百七十件之多。這些工藝品的水準也很高，其中大多數為克里特產品，也有來自埃及和敘利亞等地的。這就說明，當時的邁錫尼王族和貴族很可能曾以雇傭兵頭領的身分，一直為克里特和埃及等地服務。

隨著邁錫尼國力的日益增強，其與海外先進文明地區交往的密切往來，它的經濟與文化也逐漸發展起來。直到圓頂墓王朝時期，隨於克里特之後的它便轉為可與之抗衡的強國了。圓頂墓不同於豎井墓，豎井墓只是在地下構築簡單的豎穴墓室，而圓頂墓是在地面鑿岩和砌石築成圓形墓室，室內還以疊澀法砌成圓錐狀屋頂，如同蜂巢一樣，因此也被稱為蜂巢墓。

在構築這類複雜的陵墓時，通常都需要較高的石砌工程技術，其形制雖然源自克里特，但在邁錫尼卻規模益趨宏大。

在充分吸收克里特文明的同時，邁錫尼把其自身文明的一些特點也體現出來，比如：城堡堅固、陸戰力強，喜歡用馬拉戰車，尚武精神突出等等。邁錫尼作為愛琴文明的一個組成部分，其文明蒸蒸日上，以至於有取代克里特而後來居上之勢。

到西元前一四五〇年，透過聯姻、繼承等，和平方式的邁錫尼人才有機會入主克諾索斯王宮。這也體現了邁錫尼文明發展的關鍵一步。在統治克里特後，邁錫尼承襲並掌握了克里特在愛琴海商業貿易網路的控制權，它全面吸收了克里特文明的遺產。先前克里特原有的線形文字，如今被用來書寫邁錫尼語言，形成了邁錫尼線形文字（學術界通稱前者為線形文A，後者為線形文B）。此後，邁錫尼從西元前一四〇〇至前一二〇〇年時達到其文明的盛期。

一九五二年，邁錫尼的線形文B釋讀成功，它有力的證明了邁錫尼語言是古希臘語的一支。現存的線形文B其絕大多數材料都源自於王室經濟文書，其對政治歷史揭示不多，但它卻提供了有關經濟方面的珍貴資訊。這些內容豐富的材料充分說明了，當時的邁錫尼社會也是奴隸制社會。因為線形文B當中已專有男奴、女奴之詞，這些讀音與日後希臘語中的奴隸一詞有相近之處。在派羅斯的文書中，關於奴隸數目的分類其一有婦女六百三十一人，女童三百七十六人，男童兩百六十一人；另類其二有女奴三百七十人，男女童奴各一百四十九、一百九十人。兩類計數總合則分別為一千兩百六十八及七百零九人。雖然在上述材料中沒有提及男奴，但從其他材料來看，男奴也不在少數。根據派羅斯小國的規模以及文書所反映的個案情況，我們可知，在當時奴隸數目之多是相當驚人的。

此外，當時文書中還記載了國王貴族占地甚多、農民占地甚少的情況，樸實的農民也同樣受到統治者殘酷剝削。綜合這些情況，我們不難看出邁錫尼社會和克里特一樣，就是近似於東方的奴隸制王國。

西元前一二〇〇年以後，邁錫尼文明衰敗之勢逐漸明顯的呈現出來。而古希臘的神話傳說也曾模糊提及當時得王朝更迭頻繁，戰亂相繼；考古材料也反映此時的陶器品質下降，生產萎縮，再因「海上諸族」的騷擾致使國際貿易大受打擊。當時的統治者在經濟衰落之時，很可能會迫使他們依靠武力掠奪，從此各國各城之間的屢屢之戰也愈演愈烈，其中最著名的一次大戰便是希臘同盟與小亞細亞富裕城市特洛伊的戰爭。這次戰爭進行了十年之久，最後希臘聯軍雖然攻下了特洛伊城，但實際上卻是兩敗俱傷。

得勝的希臘各國（以邁錫尼為首）他們無不疲憊不堪，在元氣大傷之後，終於擺脫不了「黃雀在後」的厄運：當時的希臘各國一直難以恢復元氣，因此為北方的多利安人提供了可乘之機。多利安人紛紛南下，攻城掠地，除雅典之外，他們逐步征服了中希臘和伯羅奔尼撒各國，從而宣告了邁錫尼文明的滅亡。

相關連結——愛琴海

愛琴海是地中海的一部分，位於希臘半島和安納托力亞半島之間，南北長六百一十公里，東西寬三百公里。

關於它的名稱之起源有各種解釋：一種稱源於古愛琴城，當時城裡有一位名叫愛琴的亞馬遜女王，她葬身於海中；另一種說法稱源於忒修斯王子的父王愛琴斯，他誤以為忒修斯王子死了，便心碎地跳海自盡，此海後來就被稱為愛琴海。

米諾斯文明與邁錫尼文明的發祥地就是愛琴海，不久之後，這裡又出現了以雅典和斯巴達等城邦為代表的希臘文明。後來，愛琴海又陸續成為波斯帝國、羅馬帝國、拜占庭帝國、威尼斯共和國、塞爾柱土耳其帝國和鄂圖曼土耳其帝國的領海。可見，這裡是民主的發源地以及地中海東部各種文明進行接觸和交流的地方。

愛琴海海岸線非常曲折，港灣眾多，共有大小約兩千五百個島嶼，島嶼又劃分為七個群島。它的很多島嶼或島鏈實際上是陸地上山脈的延伸。

克里特島是愛琴海中最大的一個島嶼，面積八千多平方公里。島嶼東西狹長，是愛琴海南部的屏障。克里特島上還有大面積的肥沃耕地，但其它島嶼就比較貧瘠了。愛琴海島嶼的大部分屬於西岸的希臘，一小部分屬於東岸的土耳其。

古希臘的興起與消亡

古希臘的地理範圍很廣，除希臘半島外，它還包括整個愛琴海區域以及它北面的馬其頓和色雷斯、義大利半島和安納托力亞等地。

西元前五、六世紀，尤其是在波希戰爭發生以後，古希臘的經濟生活開始高度繁榮，從而產生了光輝燦爛的古希臘文化，對後世產生了深遠影響。古希臘人在文學、戲劇、雕塑、建築、哲學等諸多方面，都有很深的造詣。在古希臘滅亡後，這一文明遺產逐漸被古羅馬人延續下去，並成為整個西方文明的精神源泉。

紛爭迭起的古希臘

早在古希臘文明興起之前的約八百年，燦爛的克里特文明和邁錫尼文明便在愛琴海地區醞釀。大約在西元前一二〇〇年，多利安人入侵並毀滅了邁錫尼文明，希臘歷史也從此進入了所謂「黑暗時代」。因為對這一時期的了解主要來自《荷馬史詩》，所以又稱這一時期為「荷馬時代」。

在荷馬時代的末期，鐵器逐漸得到了推廣，並取代了青銅器；而且，海上貿易也重新先進，新的城邦國家紛紛建立。希臘人還利用腓尼基字母創造了自己的文字，並於西元前七七六年召開了第一次奧林匹克運動會。而奧運的召開，也標誌著古希臘文明進入了興盛時期。西元前七五〇年左右，隨著人口的逐漸成長，希臘人也開始向外推廣殖民。在此後的兩百五十年裡，新時期的希臘城邦遍及了包括安納托力亞和北非在內的所有地中海沿岸。在諸城邦之中，勢力最大的是斯巴達和雅典。

就在希臘城邦逐步向地中海沿岸推進擴展的同時，西亞的波斯帝國也在擴張，安納托力亞半島上的愛奧尼亞希臘諸邦被強大的波斯帝國征服了。西元前四九九年，安納托力亞半島上的米利都等希臘城邦發動起義，並得到了雅典的極力支持。起義被波斯國王大流士一世鎮壓後，隨機進攻雅典。西元前四九〇年，波斯大軍渡海西進，但在馬拉松式的戰役中，他們竟然被人數居於劣勢的雅典重裝步兵擊敗。這也是希臘人贏得了第一次波希戰爭的勝利。

西元前四八〇年，率領著五十萬大軍的波斯國王薛西斯一世再次進攻希臘。希臘各城邦也相繼結成同盟，共禦強敵。其中希臘聯軍的陸軍主要以斯巴達人為主力，海軍則以雅典艦隊為主。雖然溫泉關阻擊波斯陸軍時兵敗，但此次兵敗卻為希臘海軍的集結贏得了時間。波斯人在攻入雅典後，很快就將全城焚毀，但是希臘海軍在薩拉米斯戰役中卻一舉擊潰了波斯海軍。波斯人面臨補給被切斷的危險，不得不撤退。希臘人又乘勝追擊，解放了安納托力亞的希臘諸邦。第二次波希戰爭也以希臘的勝利告終。

伯羅奔尼撒戰爭

兩次波希戰爭以後，雅典占據了希臘霸主的地位，雅典海軍隨即成為希臘各城邦中最強大的軍事力量，同時雅典的民主制也在伯里克里斯執政時期達到黃金時代。

在波希戰爭中，以雅典為首的提洛同盟在希臘各城邦中建立起來，為戰後的雅典逐漸實現其霸權地位的主要工具。不過，以斯巴達為首的伯羅奔尼撒同盟一直對雅典的霸權深感不滿，雙方也多次爆發摩擦。

西元前四三一年，伯羅奔尼撒戰爭是由斯巴達的同盟底比斯進攻雅典的同盟普拉提之間引發的。雅典依靠自己強大的海軍力量封鎖，而斯巴達則攻入雅典，試圖迫其決戰。雙方互有勝負，但最終都沒有取得決定性勝利，便於西元前四二一年締結了和約。

然而，和平並沒有維持很久。西元前四一五年，雅典又對西西里島斯巴達的盟邦敘拉古發起大規模的遠征，結果還是以慘敗而告終。西西里的遠征使得雅典大軍元氣大傷，根本無力再抵禦斯巴達的攻勢。西元前四〇五年，雅典海軍被全部殲滅。第二年，雅典便向斯巴達投降了，斯巴達也成了希臘的新霸主。不過，斯巴達的霸權也沒有維持長久，希臘各城邦始終都陷入在混戰之中。

馬其頓的崛起

馬其頓國位於希臘的北部，一直都處於希臘文明的邊緣，被希臘人視為蠻族。但是，從西元前四世紀起，馬其頓逐漸成為希臘北部的一個重要國家。到了西元前三九五年，腓力二世即位。在腓力的統治下，在巴爾幹地區首屈一指的軍事強國馬其頓很快就發展起來了。

面對馬其頓的崛起，希臘隨機建立了以雅典為首的反馬其頓同盟。西元前三三八年，馬其頓在喀羅尼亞大敗希臘聯軍，取得了對整個希臘的控制權。西元前三三六年，腓力二世遇刺身亡，其子亞歷山大即位。

亞歷山大即位後，很快就平定了希臘各個城邦的起義，並鞏固了自己的政權。到了西元前三三四年，亞歷山大開始率大軍渡海東征，拉開了他征服世界的序幕。

亞歷山大最大的敵人，就是強大的波斯帝國。不過，強大的亞歷山大軍隊先後在格拉尼庫斯河和伊蘇斯擊敗波斯軍隊，從波斯人手中奪取了敘利亞和埃及。波斯國王大流士三世試圖求和，但被雄心勃勃的亞歷山大拒絕。西元前三三一年，亞歷山大和大流士三世之間爆發了高加米拉戰役，此次戰役具有決定性的意義，亞歷山大在這次戰役中再一次取得勝利，並乘勢攻下了巴比倫，波斯帝國滅亡。

據此，亞歷山大並沒有停止東征的腳步，而是繼續東進，直到印度河流域方才折返。西元前三二三年，亞歷山大病死，他龐大的帝國也隨之分裂。古希臘歷史據此宣告結束，希臘化時代開始。

延伸閱讀——古希臘的奧運

古希臘是奧林匹克運動會的發源之地。關於古代奧運的起源有很多傳說，其中最主要的有以下兩種：一是古代的奧林匹克運動會是為祭祀宙斯而定期舉行的體育競技活動；另一種是傳說與宙斯的兒子海克力斯有關，稱海克力斯因力大無比獲「大力神」的美稱，他在厄利斯城邦完成了常人無法完成的任務，不到半天就掃淨了國王堆滿牛糞的牛棚。但是，國王卻不想履行贈送三百頭牛的許諾了，海克力斯一氣之下趕走了國王。為了慶祝勝利，他在奧林匹亞舉行了運動會。

關於古奧運起源流傳最廣的故事，其實還是珀羅普斯娶親的故事。古希臘共和國厄利斯國王為了幫自己的女兒挑選一個文武雙全的駙馬，提出應選者必須和自己比賽戰車。比賽中，先後有十三個青年喪生於國王的長矛之下，而第十四個青年正是宙斯的孫子和公主的心上人珀羅普斯。在愛情的鼓舞下，他勇敢接受了國王的挑戰，終於以智取勝。為慶賀這一勝利，珀羅普斯與公主在奧林匹亞的宙斯廟前舉行盛大的婚禮，會上還安排了戰車、角鬥等項比賽。這就是最初的古奧運，珀羅普斯也成了古奧運傳說中的創始人。

實際上，奧運的起源與古希臘共和國的社會情況有著密切的關係。西元前九至前八世紀，希臘共和國氏族社會逐步瓦解，城邦制的奴隸社會逐漸形成，建立了兩百多個城邦。城邦各自為政，沒有統一君主，因而紛爭不斷。為了應付戰爭，各城邦都積極訓練士兵。斯巴達城邦兒童從七歲起，就由國家撫養，並從事體育、軍事訓練，過著軍事生活。

戰爭需要士兵，士兵需要強壯身體，而體育則是培養能征善戰士兵的最有力手段。戰爭促進了希臘共和國體育運動的開展，古奧運的比賽專案也帶有明顯的軍事烙印。連續不斷的戰事使人民感到厭惡，普遍渴望能有一個賴以休養生息的和平環境。後來，斯巴達王和厄利斯王簽訂了「神聖休戰月」條約。於是，為準備兵源的軍事訓練和體育競技，逐漸變為和平與友誼的運動會。

在古希臘，有四大祭禮競技賽會，其中以祭祀萬神之王的宙斯神，奧林匹克運動會規模最大、延續時間最長、名聲最高。在古希臘所有的運動會中，沒有一個比奧運更受到希臘人重視的，也沒有一個運動會的參加者能比奧運更廣泛。在古希臘人心目中，奧運就是整個希臘民族精神的象徵，其延續時間之長，影響之深遠，在人類歷史上都是十分罕見的。

魅力四射的希臘文學

古希臘文學是指古代希臘世界的文學。廣義的古希臘文學，包括從氏族制希臘社會到希臘化時代的文學，持續時間近一千年。古希臘文學是整個西方文學的源頭，也是歐洲文學的第一個高峰。

古希臘文學主要反映了歐洲從氏族社會向奴隸制社會過渡時期的現實生活，尤其體現了古代世界的人們對戰爭與和平、人與自然之間關係的思考。在古希臘時代，英雄行為以及社會歷史的重大變遷，都會在文學作品中得以體現。這些文學作品不僅奠定了整個西方文學的發展基調，也為後人研究古希臘文明提供了豐富的參考。

英雄時代的古希臘神話與史詩

西元前十二世紀至西元前八世紀，是古希臘從氏族公社制向奴隸制社會過渡的時期，史稱「英雄時代」，也稱「荷馬時代」。在這一時期，古希臘的主要文學成就是神話和史詩。

古希臘神話是原始氏族社會的精神產物，也是西方世界最早的文學形式，大約產生於西元前八世紀以前。古希臘神話首先是在希臘原始初民長期口口相傳的基礎上形成的基本規模，後來又在荷馬、海希奧德等人的作品中得以充分反映和發揮。

古希臘神話產生和反映的地理位置，是西起希臘半島，東至安納托力亞半島，南到克里特島的廣大愛琴海地區。可以說，希臘神話是一個廣闊浩繁的系統，支脈派系龐雜，傳說故事也非常多，而且也並不完全一致。但是，它又具有明顯的家族色彩，包涵著一條血緣的紐帶，存在著一個基本脈絡，基本可分為神的故事和英雄傳說兩大部分。

在希臘神話中，神也像人一樣，有情欲、善惡、計謀，同時還互有血緣關係，因而都是人格化了的形象。比如，天父宙斯就經常下界追逐引誘凡間女子，而他的妻子希拉則像一個妒忌心極強的女人一樣，時刻都準備殺死她的情敵。但是，神和人的區別也很明顯：長生不老，可以隨意變形，具有特殊的本領和巨大威力，其好惡態度對下界人類的生殺禍福起著決定作用。其中，地位最顯赫的神是居住在奧林匹斯山上的十二個主神。

除了神之外，還有很多有關英雄的傳說，而其中的英雄都是神和人所生的後代，是半神半人，他們往往都具有過人的才能和非凡的毅力。英雄傳說以不同的家族為中心形成了許多系統，主要包括赫拉克利特的傳說、忒修斯的傳說和伊阿宋的傳說等。

今天看來，古希臘神話可算是整個西方文學的源頭。後世幾乎所有的作家，都曾從古老的神話中汲取到了養分，為己所用。

除了神話外，希臘的史詩也具有一定的文學意義。其中，《荷馬史詩》是西方文學史上最早的、正式的書面文學作品。史詩包括兩部，分別是《伊利亞德》（一譯《伊利昂紀》）和《奧德賽》（一譯《奧德修紀》），相傳其作者是大致生活於西元前十世紀至八世紀之間的盲人詩人荷馬。不過，目前更流行的觀點認為，《荷馬史詩》是包括荷馬在內的許多人集體創作並反覆修改過的。

《伊利亞德》共分為二十四卷，一萬五千六百九十三行，取材於希臘神話中「不和的金蘋果」傳說。相傳，阿基里斯的父母舉行婚禮時，忘記邀請不和女神厄莉絲。憤怒的復仇女神於是就在宴席上扔下一個金蘋果，上面寫著「贈給最美的女子」，從而引發天后希拉、智慧女神雅典娜和愛神阿芙蘿黛蒂之間的爭奪，並最終導致特洛伊戰爭的爆發。

在史詩中，以特洛伊戰爭中希臘聯軍統率阿加曼農奪走勇將阿基里斯寵愛的女俘，阿基里斯因憤怒而不再參戰的這一情節作為引子，描寫了阿基里斯的憤怒以及此後五十一天之內發生的諸多事件。

《奧德賽》的故事描寫的是發生在緊接著特洛伊戰爭之後的十年中的事件。在特洛伊戰爭中，為希臘聯軍獻木馬記的奧德修斯因冒犯海神波賽頓而在海上遇難，滯留異鄉。但是，他最終卻以無比的英雄氣概克服了艱難險阻，最終回到家鄉與妻兒團聚。

總體看來，《荷馬史詩》的主題是歌頌希臘民族的光榮史跡的，史詩讚美了勇敢、正義、無私和勤勞等善良特質，並謳歌了克服一切困難的樂觀精神，肯定了人與生活的價值。但是，史詩也有一定的宿命論色彩，人與人之間的鬥爭常常是神與神之間鬥爭的縮影。

在語言風格上，《荷馬史詩》也達到了很高的水準，修辭技巧相當成熟，敘事結構也非常合理。荷馬善於運用比喻來描寫人物及刻畫宏闊的社會和歷史場面。儘管其中不乏冗長多餘的華麗辭藻，但這也是所有古代文學的特點。

大移民時代的抒情詩和寓言

西元前八世紀至西元前六世紀，這段時期史稱古希臘歷史的「大移民時代」。在這一時期，古希臘的文學主要成就是抒情詩和寓言。

古希臘的抒情詩包括多種題材，其中主要有雙行體詩、諷刺詩、琴歌和牧歌等。寫雙行體詩的古希臘詩人比較多，最早的詩人，傳說是西元前七世紀上半葉的卡利諾斯，但最擅長寫此詩體的卻是西莫尼德斯（西元前五五六至前四六八年）。而雅典民主制度的創建者梭倫，也寫過不少詩歌。

然而，在古希臘的抒情詩中，成就最高的要屬琴歌，這是一種伴隨著音樂的歌曲類詩體。琴歌又可分為兩種——獨唱體與合唱體。

獨唱體琴歌的代表人物是女詩人莎芙。在雅典民主派和貴族派的政治鬥爭時期，莎芙被迫流亡國外，後來在故鄉萊斯博斯島創建了音樂學校。莎芙一生當中共創作了九卷詩，但留存下來的只有兩首是完整的，其餘都是一些殘篇。

莎芙的語言華麗無比，感情真摯，多描寫的是纏綿悱惻的愛情。比如她的名作《致阿那克托里亞》，風格就沉痛哀惋，感人肺腑。據說莎芙是個同性戀者，因而她的許多詩作都在一七〇三年左右被羅馬和君士坦丁堡公開焚毀了。然而在古代希臘的世界中，莎芙的地位極高，曾被柏拉圖稱為「第十個繆斯」。

除了莎芙以外，阿爾凱奧斯和阿那克里翁也是很擅長寫獨唱體琴歌的人。而且，阿爾凱奧斯與莎芙有不錯的關係，但聲名卻略遜於莎芙。他的創作題材大多數都是政治和戰爭，體現了琴歌中剛猛的一面。後世的評論家認為，正是他和莎芙兩個人，才使得古希臘的抒情詩達到了登峰造極的地步。而阿那克里翁則因投靠王室，充當御用詩人而名聲不佳。不過，他的作品也通俗流暢，對十六世紀之後的歐洲詩歌產生了深遠的影響。

合唱體琴歌成就最高的詩人要算是品達（西元前五一八至前四三八年）了，曾受教於雅典的一些著名音樂家，因此他的詩作主題也大多是歌頌神和奧林匹克運動的。品達一生共創作了十七卷詩歌，現存四卷完整的競技勝利者頌（共計四十五首詩）。品達的詩歌對後世影響相當大，後來的米爾頓、歌德等創作的詩歌，都曾有意模仿過品達的風格。

寓言也是古希臘文學中重要的一支，其中最著名的就是《伊索寓言》。相傳，伊索是一個獲釋的奴隸，聰明絕頂。他一生創作了許多寓言故事，但現在傳世的只有西元前四世紀的一些古代作家整理編纂的一百二十餘則。

《伊索寓言》主要透過一些動物的言行來寄寓道德教諭，著名的故事包括「獅子和老鼠」、「狐狸和仙鶴」、「披著羊皮的狼」、「狐狸和葡萄」等。伊索寓言通常都短小精悍，思想性頗強，體現了古代希臘人民的智慧，對後世全世界的文學都產生了深遠影響。

民主時代的古希臘戲劇

民主時代是指西元前六世紀到西元前四世紀這段時期。這一時期，古希臘達到了全盛時期，各城邦都得到空前的繁榮；而地處海灣、交通便利的雅典，在工商業方面也日益先進，並建立了奴隸制度。在這一時期，古希臘文學成就最高的就是戲劇。而古希臘的戲劇又分為兩種，即悲劇和喜劇。

古希臘的悲劇起源於祭祀酒神戴歐尼修斯的慶典活動。在古希臘漫長的演進過程中，這種原始的祭祀活動漸漸發展成為一種有合唱歌隊伴奏，有演員表演，並依靠幕布、背景、面具等塑造環境的藝術樣式，這也是後來西方戲劇的雛形。

這一時期成就最高的悲劇作家，是艾斯奇勒斯、索福克勒斯和尤里比底斯三個人。

艾斯奇勒斯（西元前五二五年至前四五六年）是古希臘最偉大的悲劇作家。他對古希臘悲劇最大的貢獻，是在表演中引入了第二個演員，改變了過去古希臘戲劇中只有一個演員和歌隊共同演出的模式，為戲劇情節的發展和戲劇對白的豐富多彩提供了可能和便利條件。

艾斯奇勒斯已知劇名的作品共有八十部，其中只有七部傳世，包括《俄瑞斯忒亞》三聯劇（《阿加曼農》、《奠酒人》和《復仇女神》）、《乞援人》、《波斯人》、《七將攻底比斯》和《被縛的普羅米修斯》。可以說，艾斯奇勒斯是整個古希臘戲劇的第一位大師，對整個西方戲劇藝術的發展都產生了巨大的影響。

索福克勒斯（西元前四九六年至前四〇五年）是雅典民主全盛時期的悲劇作家。他在二十七歲時，就首次參加悲劇競賽，戰勝了艾斯奇勒斯。索福克勒斯一生共寫了一百多部戲劇，但也只有七部傳世，成就最高的是《安蒂岡妮》和《伊底帕斯王》。其中，《伊底帕斯王》被認為是古希臘悲劇的典範。

尤里比底斯（西元前四八〇年至前四〇六年）是雅典奴隸制民主國家危機時代的悲劇作家。他的一生都沒有參與過任何政治活動，只是醉心於哲學思考與戲劇創作。在他自己的作品，尤里比底斯提出了許多問題，包括神性與人性、戰爭與和平、民主、婦女問題等。他一生共創作了八十餘部悲劇，共有十八部傳世。其中最優秀的包括《美狄亞》、《特洛伊婦女》等。

尤里比底斯所處的時代，正是雅典由表面繁榮逐漸走向動盪的時代。因此，在尤里比底斯的戲劇中，可以清晰看到作家對於希臘政治現實的懷疑態度。其中《美狄亞》就被認為是古希臘最動人的悲劇之一，也是西方文學中第一次把婦女作為主要角色來塑造的戲劇之一。由於尤里比底斯的戲劇風格和傳統悲劇風格不同，因而他生前並不出名，死後名聲卻很大。

古希臘歷史上這三位著名的悲劇詩人，代表的正是古希臘悲劇藝術「興起——繁榮——衰落」時期的最高成就。

古希臘喜劇大多數都屬於政治諷刺劇和社會諷刺劇，產生於言論比較自由的民主政治繁榮時期。這一時期的喜劇具有一定的批判性，特別是擅長諷刺當時的一些權貴人物。這時的喜劇被稱為「舊喜劇」。西元前五世紀，雅典曾產生過三大喜劇詩人，分別是克拉提努斯、歐波利斯和阿里斯托芬，而只有阿里斯托芬有作品傳世。

阿里斯托芬（西元前四四八年至前三八〇年）生活於伯羅奔尼撒戰爭時期，此時雅典城邦文明正處於衰落之中，雅典社會也出現了貧富分化、政治派系等現象，而這些都成為劇作家創作的素材。阿里斯托芬一生中共寫了四十四個喜劇劇本，完整流傳下來的只有十一部，如《巴比倫人》、《雲》、《鳥》、《騎士》、《阿卡奈人》等。其中，《鳥》是最優秀的一部作品，也是古希臘現存結構最完整的寓言喜劇，是烏托邦喜劇的濫觴。阿里斯托芬是整個歐洲的喜劇之父，正是他奠定了西方文學中喜劇以滑稽形式表現嚴肅主題的傳統。

希臘化時代的新喜劇和田園詩

到了西元前四世紀下半葉，馬其頓國的亞歷山大大帝征服了整個希臘，並在帝國擴張的過程中將希臘文明傳播到東方。這一時期史稱希臘化時代。

此時的古希臘文學，已逐漸接近尾聲，希臘文明的中心也逐漸由雅典遷移到埃及的亞歷山大港。這一時期，希臘文學的特點是脫離現實，講求辭藻，追逐傷感情調。比較有成就的領域就是新喜劇和田園詩。

新喜劇是相對於阿里斯托芬時代的「舊喜劇」而言的，其特徵是不談政治，迴避嚴肅話題，更多去表現社會風俗，用曲折情節和雅致的風格取悅觀眾。

其中，米南德（西元前三四二年至前二九一年）就是古希臘新喜劇的先驅和代表人物，他共寫過一百零五部喜劇，很多作品也都完整流傳了下來，包括《古怪人》、《薩摩斯女子》等。米南德的喜劇往往有比較複雜的愛情背景，尤其注重劇中的人物性格刻畫，他的喜劇也深刻地影響了十七世紀的英國劇作家。

忒奧克里托斯（西元前三一〇年至前二五〇年）是希臘化時代田園詩的首創者。他的詩風活潑、優美，現存完整詩篇有三十餘首。後來，古羅馬的維吉爾就模仿他的風格，創作了著名的《牧歌》。

相關連結——古希臘音樂

古希臘音樂是歐洲最古老的音樂文化。從神話時代開始，希臘就對音樂與藝術極為重視。從西元前三二〇〇年至前一二〇〇年的「愛琴文明」時期，從當時的墓穴畫裡得知，那時人們的音樂生活多是用歌唱和樂器演奏相伴的歌舞或舞蹈。人類自埃及、美索不達米亞進入希臘時代後，人們就開始對音樂有了科學化的研究；而後，在西元前七七六年，第一屆奧林匹克大會召開時，也正是希臘及其領屬的安納托力亞（今土耳其）沿岸音樂最先進的時期。

古希臘文明的繁盛期，根據堀內敬三的《西洋音樂史》一書的記載，是從西元前六五〇年至西元前三三八年之間，因此較埃及美索不達米亞的極盛期要晚一些。當時的音樂形式種類主要有歌曲、歌舞和音樂劇。在樂器方面，也大都繼承這一前期的古代樂器。當時，在希臘使用最廣的是里拉琴，據說著名的盲詩人荷馬就曾經用里拉琴伴奏，演唱他的兩大敘事詩《伊利亞德》和《奧德賽》。這一時期，詩人莎芙開始活躍，繼而進入敘事詩的最繁盛階段。

此時，古希臘的音樂體裁也極為豐富，有祭祀歌、飲酒歌、婚禮歌、情歌、慶賀歌，以及對神靈的讚美歌、對英雄的頌歌等。很多歌也都是載歌載舞的。

古希臘的音樂劇也很繁榮，著名的悲劇作家與作品，如艾斯奇勒斯的悲劇《被縛的普羅米修斯》，索福克勒斯的《伊底帕斯王》和尤里比底斯的《伊菲革涅亞在陶里斯》、《伊菲革涅亞在奧利斯》等；著名的喜劇作家與作品，如阿里斯托芬的《阿卡奈人》等，都在這一時期陸續出現。

而隨著敘事詩和音樂劇的興起，音樂的地位也日益提高，人們開始關注於音樂理論的研究。西元前四世紀，在柏拉圖的《理想國》和亞里斯多德的《詩學》裡，都曾論及到音樂對國家社會的重要作用以及有關藝術的一些問題，並對後世的音樂藝術產生了深遠影響。

希臘文明中的建築特色

古代希臘是歐洲文化的搖籃，同樣也是西歐建築的開拓者。但是，它的建築畢竟還處在萌芽和胚胎的時期，因此類型還少，形制也很簡單，結構比較幼稚，這是因為它的藝術要求完美所致。

古希臘的紀念性建築在西元前八世紀大致形成，西元前五世紀已成熟，到了西元前四世紀，便進入了一個形制和技術更廣闊的發展時期。

古希臘建築的主題

在建築方面，古希臘人的遺產可以認為有兩個主題。一個是希臘建築所包含的形象模型，這些模型首先包括一系列的裝飾物術語、雕塑以及風格等，多少都被全盤接受，或斷斷續續被使用和廢棄。即使失寵，也不能輕率斷定它們已從西方建築師們的資料庫中完全消失了。

另一個主題就是希臘人對建築的本質看法。古希臘人認為，建築形式總是讓人被動接受，而關於建築的本質看法只能意會於心，而本能經常發現於一些顯而易見的地方。人們知道要恰當設計一個建築物的維度，就必須遵循一定的數學比例。這種觀點是希臘人的，不管在本質上，還是在選擇適當的比例上。

古希臘現存的建築物遺址主要就是神殿、劇場、競技場等公共建築，尤其以神殿為一個城邦的重要活動中心，它也最能代表那一時期建築的風貌。古希臘人的生活幾乎都受控於宗教，因而理所當然的，建築最大、最漂亮的肯定要屬希臘神殿。古希臘人認為，神也是人，只是神比普通人更加完美而已，因此供給神居住的地方也不過是比普通人更加高級的住宅。所以，希臘最早的神殿建築是貴族居住的長方形有門廊的建築。後來，古希臘人又為之加入柱式，由早期的「端柱門廊式」逐步發展到「前廊式」，即神殿前面門廊是由四根圓柱組成，以後又發展到「前後廊式」。到西元前六世紀前後，廊式又演變為希臘神殿建築的標準形式——「圍柱式」，即長方形神殿四周均用柱廊環繞起來。

希臘神殿建築總的風格是莊重典雅，具有和諧、壯麗、崇高的美。這些風格特點在各個方面都有鮮明的表現。

古希臘建築的特徵

古希臘的建築，在一定程度上也成為古希臘文明的代表。而根據所遺留下來的希臘建築，學者們總結了古希臘建築的幾大特點。

第一個特點，就是古希臘建築的平面構成為一比一點六一八或一比二的矩形，通常中央是廳堂和大殿，周圍是柱子。這種建築可統稱為環柱式建築。這樣的造型結構，使得古希臘建築更具有藝術感。因為在陽光的照耀下，各個建築都會產生出豐富的光影效果和虛實變化，與其他封閉的建築相比，陽光的照耀消除了封閉牆面的沉悶之感，加強了希臘建築的雕刻藝術特色。

第二特點就是柱式的定型。希臘建築共有四種柱式，分別為多立克柱式、愛奧尼柱式、科林斯柱式以及女郎雕像柱式。這四種柱式是人們在摸索中慢慢形成的，後面的柱式總與前面柱式之間有一定的聯繫，具有一定的進步意義。而貫穿四種柱式的則是永遠不變的人體美與數的和諧。柱式的發展，對古希臘建築的結構起到了決定性的作用，並對後來的古羅馬、歐洲其他建築風格產生了重要影響。

第三特點，建築的雙面披坡屋頂形成了建築前後的三角楣裝飾的特定手法。古希臘建築中有圓雕、高浮雕、淺浮雕等裝飾手法，創造了獨特的裝飾藝術。

第四特點，就是由平民進步的藝術趣味而產生的崇尚人體美與數的和諧。古希臘人崇尚人體美，無論是雕刻作品還是建築，都認為人體的比例是最完美的。所以，古希臘建築的比例與規範，柱式的外在形體風格完全一致，都以人為尺度，以人體美為其風格的根本依據。而它們的造型，可以說是人的風度、形態、容顏、舉止美的藝術顯現，而它們的比例與規範，可以說是人體比例、結構規律的形象體現。所以，這些柱式都具有一種生氣盎然的崇高美，因為它們所表現的，正是人作為萬物之靈的自豪與高貴。

第五特點，古希臘的建築與希臘雕刻是緊緊結合在一起的。可以說，希臘建築就是用石材雕刻出來的藝術品。從愛奧尼柱式柱頭上的漩渦，科林斯柱式柱頭上的由忍冬草葉片組成的花籃，到女郎雕像柱式上神態自如的少女，以及各個神殿山牆簷口上的浮雕，等等，都是精美的雕刻藝術。由此可見，雕刻是古希臘建築的一個重要組成部分。

古希臘建築的影響

古希臘建築風格特點主要是和諧、單純、莊重和布局清晰。而神殿建築，則是這些風格特點的集中體現者，同時也是古希臘，乃至整個歐洲影響最深遠的建築。其中，古希臘建築史上產生了帕德嫩神殿、帕加馬祭壇等藝術經典之作，為世界留下了寶貴的藝術遺產，同時對世界建築藝術產生了重大且深遠的影響。如果說古希臘的文化是歐洲文化的源泉與寶庫，那麼古希臘的建築藝術，就是歐洲建築藝術的源泉與寶庫。

古希臘建築透過它自身的尺度感、材料的質感、造型色彩以及建築自身所載的繪畫及雕刻藝術等，都予人巨大強烈的震撼，它強大的藝術生命力也令它經久不衰。它的梁柱結構、建築構件特定的組合方式，以及藝術修飾手法等，都深遠地影響歐洲建築達兩千年之久。因此我們可以說，古希臘的建築是西歐建築的開拓者。

延伸閱讀——帕德嫩神殿，古希臘建築的巔峰之作

帕德嫩神殿是古希臘最著名的建築，興建於古希臘最繁榮的古典時期。它原是雅曲衛城的主體建築，是為紀念雅典戰勝波斯侵略者的勝利而建的。它原是供奉雅典的保護神雅

典娜的，「帕德嫩」在古希臘語中即是「雅典娜處女廟」的意思。

帕德嫩神殿採用希臘神殿中最典型的長方形平面的列柱圍廊式，建在一個三級的台基上。屋頂是兩坡頂，頂的東西兩端形成三角形的山牆上，上有精美的高浮雕。這種格式也被認為是古典建築風格的基本形式。

神殿的列柱採用雄渾、剛健的多立克柱式，比例勻稱，是多立克柱式的典範。整個神殿的造型是建立在嚴格的比例關係上的，體現了以追求和諧為目的形式美。所以，整個神殿尺度合宜，飽滿挺拔，各部分比例勻稱，風格開朗，並有大量的精美雕刻相襯托。

如今，神殿雖已破落，但那莊重而又完美的形象仍使人為之神往。

古希臘哲學的輝煌成就

古希臘哲學，或稱早期希臘哲學，集中在辯論與質詢的任務。在很多方面，它同時為現代科學與現代哲學鋪設了道路。早期希臘的哲學家，對後世產生的影響一直都沒有間斷過，從早期穆斯林哲學到文藝復興，再到啟蒙運動和現代的普通科學。

古希臘哲學的發展及影響

古希臘哲學的發展大致可以分為兩個階段。

第一個階段為自然哲學時期。西元前六世紀，東方愛奧尼亞地方的一些哲學家開始提出世界的本原問題，他們反駁過去流傳的一些神話創世說，認為世界的本原是一些物質性的元素，如水、氣、火等；他們最早用自然本身來解釋世界的生成，是西方最早的唯物主義哲學家。這一時期著名的代表有米利都的泰利斯、阿那克西曼德、阿那克西美尼和愛非斯的赫拉克利特等。

與此同時，在義大利南部還出現了具有另一種思想傾向的哲學學派。他們認為，萬物的本質不是物質性元素，而是一些抽象原則，畢達哥拉斯學派認為是「數」，以巴門尼德為代表的愛利亞學派認為是「存在」，並認為「存在」是不變的，不生不滅的，運動變化的只是事物的現象。這一時期提出的非物質性的抽象原則，對後來的唯心主義哲學產生影響很大。

古希臘的哲學儘管還存在諸多的不足，但是，它在很多方面都為現代科學與現代哲學鋪設了道路。

在宗教方面，古希臘哲學對早期不同宗教的希臘化發展產生了深遠影響。例如，猶太教的希臘化，著名猶太哲學家亞里斯多布魯斯和斐洛，就採用了寓意的解經方法。而在基督宗教當中，早期的教會父老（即教父），也融合了古希臘哲學的思想和解經方法。由於受著名教父游斯丁、俄利根和特士良等影響，還形成了很多基督教傳統教義。

古希臘哲學的代表

西方哲學歷史是從古希臘開始，尤其是一群通稱為前蘇格拉底時期的哲學家。這並非否認其他在古埃及、閃族以及巴比倫文化裡出現的早期哲學家。事實上，每個文明中都存在著偉大的思想家和哲學家，而且也有證據證明，一些早期的希臘哲學家可能都接觸過一些埃及和巴比倫文明。但是，早期的希臘思想家與他們的前人相比至少增加了一種元素，讓他們與前人的思想區分開來。在歷史上，他們的作品中對於世界規律並不再是教條式的主張，而包括一些對這些理論的各種論點。

事實證明，幾乎所有早期希臘哲學家提出的宇宙論都是明顯的錯誤，但這並不會降低它們的重要性。因為就算以後的哲學家很快就拋棄前人假設的答案，他們同樣也不能逃避前人所提出的問題，比如：一切事物從哪來？它到底是由什麼製造的？我們如何解釋大量事物組成的本質？為什麼我們能用單一數學來描述它們？等等。

而希臘哲學家所追隨的形式和傳達答案的方法，與他們所問的問題一樣重要。前蘇格拉底的哲學家，就拒絕傳統神話對他們周遭所見現象的解釋，而贊同更理性的解釋。儘管哲學家對關於理性和觀察相關重要性尺度還有所爭論，但兩千五百年來他們基本上一致使用由前蘇格拉底學派最早發明的方法。

這一時期，代表性的哲學家主要有蘇格拉底、柏拉圖以及亞里斯多德等。

蘇格拉底（西元前四七〇年至前三九九年）是一位雅典哲學家，他開創了「倫理哲學」，使古希臘哲學從單純研究自然轉向研究人類本身，成為西方哲學傳統中最重要的偶像。他採用一種「詰問式」的教育方法，對西方的思維方式帶來了極為重要的貢獻。

柏拉圖（西元前四二九年至前三四七年）也是一位非常有影響力的古典希臘哲學家，受教於蘇格拉底，並教導了亞里斯多德。他在自己最著名的作品《理想國》中，就描繪了他幻想的「完美」國家。同時，他還寫了《法律篇》和一些蘇格拉底的對話錄。柏拉圖年輕時，就成了蘇格拉底的學生，還參加了對他老師的審訊，雖然並非由他執行。與蘇格拉底不同，柏拉圖寫下了他的哲學觀點，並留下相當多數量的手稿。

亞里斯多德（西元前三八四年至前三二二年）與柏拉圖一起，被稱為對西方思維方式產生重要影響力的兩人之一。他們的作品雖然在許多方面都有關聯，但在風格和主旨方面卻又截然不同。儘管早期的對話錄大多是關於獲得知識的方法，且大多在最後關於公正和實際的倫理，但他最著名的作品陳述一個關於倫理學、形而上學、推論、知識和人類生命的概要觀點。其突出的思想包括：透過直覺（感觀）所獲得的知識，總會留下困惑和不純的觀點，而且對所謂「沉思的心靈能從世界中獲得『真實』的知識」感到厭煩。只有靈魂可以掌握知識的結構、事物的真實本質，我們看到的世界僅僅是一個充滿瑕疵的拷貝。這樣的知識不僅有倫理的重要性，還有科學的重要性。因此，我們可以把柏拉圖看成是一個唯心主義者和理性主義者。

相比之下，亞里斯多德更看中透過感觀獲得知識，而且將相對獲得更多經驗主義者的現代標籤。所以，亞里斯多德為以後最終發展進入科學方法的世紀奠定了基礎。如今存下的亞里斯多德作品以論文的形式出現，大部分並未被作者所發行。亞里斯多德最重要的作品包括了物理學、形而上學、倫理學、政治學、論靈魂（在靈魂之上）、詩學和很多其它作品。

相關連結——古希臘數學的發展

古希臘人的思想一直受埃及和巴比倫的影響，但他們創立的數學與前人的數學相比較，卻有著本質的區別，其發展可分為雅典時期和亞歷山大時期兩個階段。

雅典時期始於泰利斯為首的愛奧尼亞學派，其貢獻是開創了命題的證明，為建立幾何的演繹體系邁出了第一步。此後，又出現了畢達哥拉斯領導的學派。這是一個帶有神祕色彩的政治、宗教、哲學團體，以「萬物皆數」作為信條，將數學理論從具體的事物中抽象出來，建立了數學的特殊地位。

西元前四八〇年後，雅典開始成為希臘的政治文化中心，一些學術思想也逐漸在雅典爭奇鬥妍。在這種氣氛下，數學也開始從個別學派閉塞的圍牆裡跳出來，變得流行開來。哲學家柏拉圖也在雅典創辦了著名的柏拉圖學園，培養了大批數學家，成為早期畢氏學派和後來長期活躍的亞歷山大學派之間聯繫的紐帶。

其中歐多克索斯就是該學園最著名的人物之一，他創立了同時適用於可通約性及不可通約性的比例理論。後來，柏拉圖的學生亞里斯多德成為形式主義的奠基者，其邏輯思想也為日後幾何學的發展奠定了基礎。

到了亞歷山大時期，希臘數學出現了的黃金時期，代表人物是名垂千古的三大幾何學家——歐幾里得、阿基米德和阿波羅尼奧斯。

歐幾里得總結了古典希臘數學，用公理的方法整理了幾何學，寫成了十三卷的《幾何原本》。這部劃時代歷史巨著的意義，在於它樹立了用公理法建立起演繹數學體系的最早典範。

阿基米德是古代最偉大的數學家、力學家和機械師。他將實驗的經驗研究方法和幾何學的演繹推理方法結合起來，讓力學更加科學。阿基米德在純數學領域涉及的範圍也非常廣，其中最大的一項貢獻就是建立了多種平面圖形面積和旋轉體體積的精密求積法，蘊含了後來微積分的一些思想。

亞歷山大後期，即使在羅馬人統治下，學者們還是精心研究，這一時期出色的數學家有海倫、托勒密、丟番圖和帕波斯等。尤其以丟番圖的代數學在希臘數學中獨樹一幟；而帕波斯的工作則是對前期學者研究成果的總結和補充。之後，希臘數學處於停滯狀態。

總括而言，古希臘的數學成就還是輝煌的，為人類創造了巨大的精神和文明財富。不論從數量，還是從品質來衡量，在世界上都是首屈一指的。

古羅馬文明的興衰

羅馬城位於台伯河的東岸，靠近拉丁姆和伊達拉里亞的交界處。那裡土地肥沃，可以供給較多的人口。而且，台伯河通海便於和外國貿易，且羅馬又處於該河流的渡口，所以也控制了義大利中部地區陸路交通的樞紐。

古羅馬的起源

一直以來，古羅馬建立的日期都不確定，傳統認為是在西元前七五三年。傳說中，羅馬人把古羅馬城的建立歸功於英雄羅穆盧斯。他和他的孿生兄弟瑞摩斯是英雄艾尼亞斯的後代。而傳說艾尼亞斯是希臘女神阿芙蘿黛蒂（羅馬神話中稱維納斯）的兒子。

古羅馬的神話故事稱，這對孿生兄弟的祖父是努米托，是羅馬東南部阿爾班山區阿爾巴國的國王。國王的兄弟阿穆利烏斯非常邪惡，為了掌握大權，將國王趕出了國家，還命令國王的女兒雷亞．西爾維亞做貞女，阻止她生育後代，防止國王的子孫報仇。但是，雷亞．西爾維亞還是與偷偷與戰神瑪爾斯生下了一對雙胞胎。後來，這對雙胞胎被遺棄在台伯河畔時，被一隻母狼哺育長大。

後來，孿生兄弟的身世大白於天下，他們的外祖父努米托也重新獲得了王位。而兄弟倆則離開了外祖父，創建了自己的城市。但就在他們決定誰來做這個城市的國王時，神諭告訴他們，要由能預示成功的飛鳥來決定。

結果，瑞摩斯看到了六隻禿鷲，而羅穆盧斯則看到了十二隻禿鷲。兄弟兩位為此發生了分歧，羅穆盧斯殺死了瑞摩斯，成為新城的國王，建立了羅馬。

羅馬文明的日益發展

當羅馬發展為城市、並建立了自己的政治和文化的過程後，便就有了古代羅馬人仿效其近鄰伊特拉斯坎文明。在西元前八世紀初，有了現存最早文字的國家義大利，發掘於羅馬城附近的古代城市奧薩客棧大墓地。經過細心的研究發現，陶罐上刻畫的四個希臘字母表明，剛建立羅馬城的拉丁人在希臘人採用腓尼基字母後不久，他們就學會了使用這種文字。

在此後的好多年裡，儘管羅馬與周圍國家的紛爭矛盾不斷，但它卻沒有影響到羅馬文明的快速發展。

亞庇大道修建於西元前三一二年，這條公路的修建才是羅馬最重要也是最富有特色的成就之一——為羅馬公路網舉行了奠基儀式。亞庇大道自東南面伸向義大利南部的中心，向南一直延伸到海岸線與西西里島和北非隔海相望。這條雄偉的公路為羅馬在以後幾十年中展開軍事征服打開了通道。

此後，羅馬軍隊在征戰之處，都留下了令人驚訝不已的公路系統。公路的主體工程經久耐用，後來的公路和鐵路很多都採用了羅馬公路的地基。公路是羅馬行政機構的中樞系統，修建公路首先是為軍事服務的。

羅馬人修建的公路長達幾萬公里，比起任何一座羅馬宮殿或其他公路建築，羅馬的公路成就最高，意義也更重大。但也不難看出，羅馬人的公路是熱衷於征服的羅馬人自信和貪婪的象徵與明證。

除了修建公路，羅馬人修建了很多宏偉的拱形結構建築。事實上，要在河流和峽谷上架上拱橋，在那時絕非易事。然而，古羅馬人幾乎可以毫不費力在任何河面上鋪設橋梁。拱形技術的運用，也使羅馬人輕而易舉鋪設其橋梁，同時還把這一技術運用到其他建築當中。

與此同時，羅馬還創造了最大規模的建築，其中包括營建羅馬的萬神殿和羅馬競技場，後者即羅馬圓形大劇場，供角鬥士比賽，可容納六萬名觀眾。

在南征北戰的時期，羅馬與東方的貿易也達到了前所未有的興盛，其貿易通道主要為「絲綢之路」。這條商路沿用了幾個世紀，從地中海沿岸延伸到大夏直至中國。西元前一世紀，老普林尼在其《博物志》中抱怨：每年與印度、阿拉伯和中國（塞里斯國）的貿易，就要花費至少一億塞斯特斯（古羅馬的貨幣單位）。

羅馬的法制思想

早期羅馬的法律制度便發展成後來的自然法，也就為其奠定了基礎。如著名的古羅馬法律文獻「十二表法」（又稱「十二銅表法」，全部法律有「十二表」，每表又分若干條。現存的是一些殘篇，但仍能反映其基本情況），對「審判」、「債務」、「父權」、「監護」等多方面都有較詳細的規定和說明，同時還對公民的「權利和義務」、「訴訟程序」、「審判原則」、「刑罰的量刑」等，都作了具體的規定和說明。

「元首制」時，國王還可以授權給一些傑出的法學家到庭聽證，對審判時涉及的法律爭議問題發表意見，即所說的答辯。他們既擔任律師，也是法律的起草人。因此這些法學家的意見逐步使羅馬的法學以及法學原理更加具體化和完善化，並作為羅馬法理學的基礎被繼承下來。即當羅馬人的信仰被打碎，這些人的思想仍然被人們普遍接受。這也充分體現了羅馬人對權威的尊重，這與其他民族，尤其是東方民族的觀念完全不同。

在法學家的影響下羅馬法才得以發展起來，因而相應可分為三個部分，即公民法、萬民法和自然法。公民法是作為羅馬及其公民的法律，其包括成文的和非成文的兩種形式。公民法概括起來就是元老院的諸令、元首的命令、大法官的布告，以及具有法律效力的一些古代習俗。萬民法不存在民族與否、其對一切人都適用的法律，其中有：使奴隸制和財產私有權神聖化，並維護買賣、合作和契約原則的法律，對公民法加以補充，它特別適用於外來的新居民。自然法是建立在哲學基礎之上的，是將公理和正義應用於法律，建立一套社會的合理秩序。

法律制訂的思想，在於承認人的天性都是相同的，同時它有資格享有某些基本權利，這裡所謂的權利對於政府也無權違背。西塞羅就是自然法的奠基人，其說：「廣泛流傳於一切人之中的法律是：永恆不變的、與天性相一致的正常理智。宗教信仰禁止違背這個法律去制定條例，我們既不可以對它稍加刪減，我們更是無權透過元老院或人民使自己不受它的約束。」

這樣的法律主要是對人民基本權利的保護，而對統治者來說，也是有力的限制，誰踐踏了它，都將成為暴君。因而，它也成為羅馬文明史上最輝煌的一頁。

羅馬文明的衰落

到西元二世紀末，古羅馬達到了前所未有的規模與輝煌，其恢宏的氣勢更是無與倫比。然而，輝煌的羅馬文明最終還是衰敗了，儘管這個衰敗的過程很緩慢，而且其間羅馬人還不斷取得新的成就。

西元二三五年到二八〇年，是羅馬歷史上災難最為沉重的時期。不但內政陷入全盤性混亂，經濟徹底崩潰，稅收形同於充公，外國侵略者也開始大肆侵犯羅馬的領土。而這一時期的社會危機感和憂懼感，也極大改變了羅馬人的宗教和哲學上的信仰。領土淪喪所造成的恐慌和經濟的蕭條，促使人們在精神上追尋神祕的宗教和哲學信仰。也就是在這個世紀，東方的宗教，特別是基督教，在羅馬真正生根發芽了。對來世圖景的描繪、對個人及精神的注重，以及對現實世界苦痛的解釋，都使得這個宗教在此即將崩潰的世界裡給人的心靈以強大的生存希冀。

在哲學文化方面，除了羅馬的實用哲學外，著名的斯多葛哲學、新東方哲學和希臘哲學也在這一時期逐步形成。而新柏拉圖派哲學即是其中最重要、最有影響力的，由柏羅丁和其學生普羅克洛在西元一世紀時創建，他們恢復了柏拉圖的原始哲學。許多新柏拉圖派的思想被當時卓越的基督教理論家融入到基督教理論中，尤其是奧古斯丁把他一生大部分的心血都奉獻給了對新柏拉圖派哲學的研究。

至西元四世紀，羅馬進入了政權交替和內亂頻仍的歷史時期。西元四一〇年，日爾曼的一個部族西哥德人在匈奴人的追逐下，被迫遷徙到了義大利的北部，而匈奴人占領並洗劫了羅馬。在西元四五一年到四五三年的兩年內，羅馬土地即被匈奴首領統治。西元四五五年，又由一批蠻族汪達爾人占領了羅馬。西元四七六年，奧多亞塞廢除羅馬皇帝而自立為帝，於是政權從羅馬人手中移至蠻族軍事首領之手，中世紀也由此開始。而西部的歐洲部族和東部的拜占庭人繼承了羅馬高度先進的文明，他們使古羅馬和古希臘的政治模式、社會結構、藝術和文化思想均得以長時期地綿延不息。

相關連結——羅馬的遊戲和比賽

形式多樣、紛繁複雜的表演是各階層的羅馬人在假日裡消遣的一種重要組成方式。每年的四月分，在馬克沁斯圓形馬戲場都要舉行盛大的馬拉雙輪戰車比賽，僅此一項，觀眾就多達二十五萬人。

這種競技最早起源於祭拜穀神刻瑞斯的儀式，到了帝國時期，這種儀式本身的含義幾乎被人們遺忘，不過此時的競賽遠沒有圓形競技場內上演的角鬥場面更讓人感到驚險、刺激。血腥的角鬥在人與野獸之間，或角鬥士與角鬥士之間展開，為了讓角鬥表演更加吸引眼球，所選擇的與角鬥士較量的野獸也越來越兇猛危險。角鬥士有著各種不同的類型：維納休斯角鬥士手持漁網和魚叉；賽卡特角鬥士手持短刀和盾牌；米諾米羅角鬥士不著盔甲，但身手極其敏捷不凡；赫波馬諸斯角鬥士帶有巨大的方形盾牌；拉庫端斯角鬥士以一支索套為武器，而色雷斯角鬥士則使用他們特有的武器——半月形短刀。

這些名目繁多的角鬥士實際上象徵著早先與羅馬交戰過的各種類型的對手。這些作為羅馬人手下敗將的部族被放在競技場裡互相殘殺，供他們的征服者們娛樂。

很多角鬥士選擇這一職業，都是出於謀生的考慮，因為他們大多出身於低賤的社會階層。然而，也有出身體面的人自願選擇這一職業，也許是為了尋求冒險和刺激。罪犯有時候也會被判罰為角鬥士，一旦做了角鬥士，和被判處死刑幾乎沒有分別，因為很少有角鬥士能活到退休的時候，成為訓練角鬥士的人。

這種起源於祭奠戰死者亡靈儀式的表演，後來被羅馬人用來炫耀自己：炫耀他們比那些好戰的野蠻對手優越。隨著獲勝了的羅馬人對血腥場面與日俱增的嗜好，角鬥最終演變為滿足這一嗜血性的表演了。

古羅馬的文學概況

古羅馬文學的主要語言是拉丁語，它是指在紀元前後在古羅馬政權（包括羅馬共和國和羅馬帝國）統治時期的文學。儘管古羅馬共和國誕生於西元前五一〇年（擺脫伊特魯里亞王朝的統治），但按照通常的看法，真正意義上的古羅馬文學應該從西元前二四〇年算起。

古羅馬文學的起源

羅馬城始建立於西元前八世紀。在古羅馬人生活的伊特魯里亞以南、台伯河以西的地區，包含文藝活動的拉丁朱庇特慶祭節的設立，當不晚於西元前七世紀。受伊特魯里亞文明的影響，包括羅馬人在內的拉丁人，也都逐漸形成了自己的本土文化。

古羅馬的文化主要是在繼承希臘文化的基礎上逐漸發展起來的。早在希臘化時期，羅馬城內就引入了許多希臘的作品，並加以翻譯和摹仿。西元前一四六年，羅馬滅亡了希臘，此後便將所有包括希臘神話、詩歌和戲劇等在內的文學藝術都據為己有。為了全面深入了解希臘神話，羅馬甚至還找來許多希臘俘虜來當家庭教師，讓他們編劇寫詩，並研究各種科學。由於這種做法的流行，使得古羅馬文學染上了濃厚的希臘色彩。

以神話為例，在與希臘文化接觸後，許多羅馬的神祇就與希臘的神祇結合起來。如羅馬人信奉的主神朱庇特，在地位和影響力上相當於希臘神話中的宙斯，他的妻子朱諾相應等同於希拉。至於太陽神阿波羅和文藝女神繆斯等，則直接以其本來面目成為羅馬神話的一員，甚至連名字都沒有改變。

當然，古羅馬文學也不完全是古希臘文學的模本，因為它畢竟是在羅馬的社會背景中產生的，其所用語言是拉丁語。在西方學術界，古羅馬文學被認為是廣義拉丁文學的一部分。與古希臘的海洋民族不同，古羅馬屬於內陸民族，他們以耕牧為主要的生存方式，集上古農民、牧民的粗鄙、蒙昧、淳樸於一體。建國後的古羅馬推崇武力，追求達到社會與國家、法律與集權的強盛與完美，表現在文學上，它的作品也就更具理性精神和集體意識，以及莊嚴崇高的氣質，同時也就缺少希臘文學中生動活潑的靈氣和無拘無束的天真爛漫。古羅馬文學在藝術上強調均衡、嚴整、和諧，重視修辭與句法，在技巧上也偏重於雕琢與藻飾。

古羅馬文學的發展大致經歷了三個階段，即共和時代、黃金時代和白銀時代。

共和時代（西元前二四〇年至前三〇年）的詩歌與喜劇

古羅馬文學的正式形成與一位叫李維烏斯．安德羅尼庫斯的希臘人密切相關，他生活在西元前三世紀，是古羅馬文學的奠基人之一，曾翻譯荷馬史詩《奧德賽》和大量古希臘的抒情詩。他把古希臘文學中的若干傑出作品介紹給了缺少書面文學傳統的羅馬人，同時，他也把古希臘文學的某些主體形式移植到了缺少骨幹文學類型的古羅馬，這是李維烏斯在古羅馬文學形成中所作的主要貢獻。

早期的古羅馬詩人大都屬於通才型作家。比如詩人恩紐斯（西元前二三九年至前一六九年），除了改寫和創作悲劇外，他還寫過四到六卷的諷刺詩。其中的史詩《編年史》遠把羅馬的歷史追溯到艾尼亞斯的經歷，近止於作者生活時代親見親聞的戰爭，洋洋灑灑長達十八卷，可惜的是如今僅剩不到六百行傳世。

從文學史的角度看，《編年史》擯棄了古老的神農格，而採納了荷馬史詩所用的六步音長的短格，而在風格上也還有明顯的模仿荷馬的痕跡。由於恩紐斯在古羅馬文學形成過程中的強有力影響，他被尊稱為「古羅馬文學之父」。

喜劇也在古羅馬得到了長足發展。普勞圖斯（約西元前二五四年至前一八四年）是共和時代精通古希臘文的著名劇作家。相傳，普勞圖斯著有戲劇一百三十部，但據考證，僅有二十一部出自他的手筆，其他均係後人的托偽之作。他的喜劇主要是在希臘新喜劇作家米南德的風俗喜劇的基礎上改寫而成，意在諷刺羅馬社會的腐化風氣。他的主要作品有《孿生兄弟》、《俘虜》、《商人》、《驢》、《蝗蟲》等。

泰倫提烏斯（西元前一九〇年至前一五九年），生於迦太基，出身於卑賤的奴隸階層，後來獲釋。他一生共寫過六部喜劇，其中《婆母》、《兩兄弟》是他的代表作，它們都是從古希臘的新喜劇改編或翻譯而來。他的喜劇結構嚴謹、語言文雅、人物形象自然，對人物內心矛盾的刻畫尤為細膩。不過，他的喜劇在情節上不及普勞圖斯的生動有趣，在當時僅受到受過有文學修養的觀眾的喜愛。

黃金時代（西元前一〇〇年至十七年）的詩歌與散文

「黃金時代」是拉丁語和拉丁文學發展史（這裡指廣義上的）中的古典或輝煌時期，涵蓋了兩個重要時代，即「西塞羅時期」（西元前七〇年至前三〇年）和「奧古斯都時期」（西元前三十一年至十四年）。這一時代的羅馬在軍事勢力上進入了大規模的擴張階段，並於西元前二十七年結束了舊的共和制政體，建立了羅馬帝國。帝國在奧古斯都（即屋大維）的統治下進入了一個前所未有的繁榮時期，拉丁語文學和藝術在此時期也出現了空前的繁榮局面。

這一時期的詩歌創作極為興盛，出現了不少著名詩人，其中的代表人物主要有盧克萊修、賀拉斯和維吉爾。

盧克萊修（西元前九九年至前五五年）生於共和制的末期，他的作品現僅有《物性論》（一譯《論自然》）一種傳世，全書共六卷，每卷千餘行，是一部長篇的哲理詩。全詩以伊比鳩魯的哲學思想和德謨克利特的原子論為主要思想，表現出了物質永恆、人不必懼怕死亡的生命理念。盧克萊修在古羅馬文學史上以智者著稱，維吉爾曾說他羨慕盧克萊修對事物起因的通達，稱其為「幸福的人」。

賀拉斯（西元前六五年至前八年）是這一時期著名的抒情詩人。他幼年受過良好的教育，嫻熟掌握了拉丁語和希臘語，並能誦荷馬史詩原文，曾專門學過雅典哲學。他的代表作有《長短句集》十七首和《閒談集》十八首。前者抒發了作者反對內戰，以及對黃金時代到來的期望；後者則諷刺了羅馬社會生活中的各種落後風習。賀拉斯一生最為著名的作品是他後期創作的《歌集》（一譯《頌歌集》）和《詩藝》。賀拉斯在詩歌的形式上改造了希臘抒情詩的格律，巧妙的構思加強了詩歌的情趣，在語言上也追求典雅優美，在題材上以友誼、愛情、詩藝為主，融哲理和感情於一爐。他的這些創作特點被時人競相模仿。

維吉爾（西元前七〇年至前十九年）是古羅馬最偉大的詩人，西方文學史將他的史詩《艾尼亞斯紀》譽為西方文學的第一部文人史詩。他成就最高的作品是史詩《艾尼亞斯紀》。全詩共十二卷，是一部長達近萬行的長篇史詩。《艾尼亞斯紀》是在奧古斯都旨意的指導下創作而成的。史詩講述了特洛伊王和女神維納斯之子艾尼亞斯到義大利建立新王朝的故事，歌頌了羅馬祖先的開國功績和羅馬的光榮歷史。全詩體現了典型的羅馬風格，詩歌抒發了強烈的使命感，營造出嚴肅、淒婉和悲天憫人的氛圍。維吉爾的抒情詩也很有代表性，以浪漫的田園風光為題材，在這方面的代表作有《牧歌》、《農事詩》和《工作與時日》，這些詩歌主要抒發了詩人對愛情、時政以及鄉村生活的親身體驗。

奧維德（西元前四三年至十八年）是黃金時代的又一位偉大的作家，他年輕時曾在羅馬學習修辭。他的代表詩作主要是《愛情詩》四十九首、《愛的藝術》、《古代名媛》以及神話詩《變形記》。然而。其中以《變形記》最為著名，以史詩格律寫成，包括兩百五十個神話故事，融匯了希臘、羅馬神話，異彩紛呈。它為後世文學家的創作提供了重要的材料和靈感。著名的《十日談》、《坎特伯里故事集》等故事集在框架上都有模仿《變形記》的痕跡，後期的大文豪但丁、莎士比亞、蒙田、莫里哀、歌德等都在不同程度上受到了他的影響。

古羅馬的散文濫觴於加圖（西元前二三四年至前一四九年）的演說文，繁盛於「黃金時代」。這一時期，羅馬統治階層的政治鬥爭以及國內的階級矛盾都非常激烈，加之統治階級的法律體系已開始形成，這些因素使得許多政治家熱心鑽研雄辯術，從而推動了散文這一文體的迅速發展。

西塞羅（西元前一〇六年至前四三年）是這一時期最負盛名的散文家。他的演說詞和書信是他散文成就的最佳表現，他的書信現存約九百封，主要包括同為十六卷的《致阿提庫斯書》和《致友人書》。這些書信反映了處於共和國體制末期的社會生活，描繪了形形色色的政客，語言通俗流暢，接近口語。他的演說詞現傳世的有五十八篇，有法庭演說和政治演說兩類。西塞羅的散文注重形式上的規範，材料組織皆重程序性，文法句式也極為考究，章法上講究段落對稱，聲律上強調音調的鏗鏘有力。他的演說富有激情，具有很強的鼓動性，為了煽動聽眾的情緒，他甚至不惜用侮蔑和歪曲事實的手段。西塞羅的散文風格對後世有深遠的影響，成了此後歐洲諸民族散文文學的楷模。

凱撒（西元前一〇〇年至前四四年）是奧古斯都的養父，是古羅馬歷史上赫赫有名的軍事家、政治家和獨裁者，於西元前四四年被共和派刺殺。他在散文上的主要貢獻包括他的歷史著作《高盧戰記》七卷以及以回憶他和龐培之間戰爭為內容的《內戰記》三卷。他的語言簡潔凝練、樸實無華，體現出與西塞羅迥異的風格特點。

白銀時代（西元十七年至一三〇年）的文學類型

在屋大維死後的一百年間，羅馬文學進入了史稱的「白銀時代」。這一時期，羅馬在政治上趨於衰落，統治階級的內部鬥爭不斷激烈化，在這種背景下，文學發展的特點是宮廷趣味和色彩日趨濃厚，文風的綺麗和修辭的堆砌使得文學作品顯得虛浮、臃腫。因此，白銀時代的文學明顯遜色於黃金時代。這一時期成就最高的文學樣式，是反映地位較低的奴隸主思想的諷刺文學和反映舊共和派對現實的不滿情緒的作品。

盧坎（西元三九到六五年）是白銀時代最有成就的詩人之一，創作了史詩《法沙利亞》，在文學史上被認定為繼《艾尼亞斯紀》之後最優秀的史詩。

馬提阿利（西元四〇到一〇四年）是這一時代最出色的碑銘體詩人，他的十二卷的詩集《碑銘體詩集》（一譯《警句詩集》）收詩一千五百餘首，其詩歌以短小精悍為特點，於含蓄中顯現突兀，傳達出機智和幽默的氣息。

白銀時代的抒情詩並沒有突出成就，斯塔提烏斯（西元四五到九五年）幾乎是唯一值得一說的詩人，他擅長描寫達官貴族階層在閒暇中的生活情趣。

塞內卡（西元四到六五年）是這一時期古羅馬最突出的悲劇作家。他主張人們應以精神上淡泊的寧靜來對抗生活中的痛苦，宣傳具有人文關懷精神的同情、仁愛的思想。他創作了九部悲劇和一部諷刺劇，它們多半取材於希臘悲劇，其中的代表作是《特洛伊婦女》。他的作品風格莊嚴穩重，由於它們是從迫切的教化出發，因而夾雜著大量的道德說教，這就使得其筆下的人物語言和形象都缺乏真實感。

需要注意的是，白銀時代的散文並不等同於現代文學上所講的狹義上的散文，它是泛指拉丁語文學中的「散文體」，與具有格律的詩體相對，包括散文、小說、傳記文學和編年史等各種文學樣式。

嚴格來說，歐洲文學史上「小說」這一文學體裁即誕生於古羅馬時期。彼特隆紐斯創作的傳奇式小說《薩蒂里卡》（現存兩章殘篇）廣泛記錄了風靡於南部義大利半希臘化城市的閒情享樂式生活。儘管這部作品的形式與傳統意義上的小說還有一定的距離，但研究者們還是較為普遍認為它是歐洲文學史流浪漢小說的開端。

而阿普列尤斯是古羅馬公認的「小說之父」。他最著名的作品是用自敘形式創作的小說《金驢記》，它在西方文學史上被看作是第一部對後世文學產生深遠影響的長篇小說。

相關連結——「外借」來的羅馬醫學

古羅馬的醫學，並非自身獨立發展而來，它是從古希臘「借」來的，古羅馬人用自己的智慧把這種借來的希臘醫學恰到好處發展起來，並運用在個人生活及公共衛生領域中。古羅馬周圍大多是潮濕的沼澤地，因而人們很容易受到水患惡瘴的侵害，公共衛生對古羅馬人的生存有著至關重要的意義。

在醫藥的廣泛應用以前，古代的羅馬人對付疾病和瘟疫的手段主要是魔術和祈禱，直到西元前一世紀，醫藥才逐漸走進古羅馬人的生活。頗有趣味的是，那時的鞋匠、理髮師、木匠等下層謀生者都隨心所欲把醫學加入到他們的行業，他們發揮自己的智慧，開始自製藥品，這在當時招來了很多冷言冷語和抱怨。

然而，正是在這種風氣的推動下，醫學在亞歷山大城、米利都等地取得了極大的進步，在這些中心城市還出現了一些希臘醫生，他們的加入大大提高了羅馬的醫學水準，以至於凱撒大帝都讓醫生成為在羅馬有投票權的職業。

在古羅馬時代，醫師就已經達到高度的專業分工，形成了類似於現代的專科，尿道、婦科、產科及眼科等都有專門的醫生，此外，還有耳科專家、獸醫、牙醫等，甚至還出現了一部分女醫生，這在當時而言無疑是十分進步的。

在西元三〇年成書的一部百科全書，其中絕大部分已經亡佚，而保留下來的全是屬於醫藥的部分，這或許證明了當時醫學的繁榮。這些作品上至希臘名醫希波克拉底，下迄蓋侖的時代，涵蓋了六個世紀中最偉大的醫學作品。這些作品用相當道地的古典拉丁文寫成，書中從希臘文翻譯成拉丁文的醫學專有名詞，有很多仍為現代醫學界沿用。

古羅馬的繪畫藝術

西元七九年，隨著維蘇威火山的爆發，著名的義大利古城龐貝以及附近的幾個城鎮都通通被火山灰和岩漿所埋，直到十八世紀，它們才被考古學家們陸續挖掘出來，而正是由於岩漿的密封性，許多古羅馬時期壁畫都好好保存了下來。

古羅馬繪畫的四種風格

古羅馬時期的繪畫主要有馬賽克和壁畫兩種形式。早期的繪畫以記載具體的歷史事件為主，它們常常用來裝飾公共場所和住宅，這種以敘事為主題的繪畫現今保存下來的不多。西元七九年，由於維蘇威火山的爆發，龐貝等三個義大利城市被火山灰整體埋沒。到十八世紀龐貝城被發掘後，人們驚奇的發現了廢墟中大量的壁畫。在對這些壁畫作過研究後，學者們據此將古羅馬壁畫劃分為四種風格。

第一種風格，或稱「磚石結構式」，主要流行於西元前二世紀的羅馬帝國時期。當時，壁畫裝飾不僅盛行於公共建築，在民間私家建築也很流行。究其來源，這種風格是從希臘傳入羅馬的裝飾形式，它吸收了流行於西元前五、六世紀、常被稱為「勻砌式」的牆體建築技術，主要表現方式是用彩色灰粉摹繪出用「勻砌式」砌成的牆基部分凸出的地方。牆壁的主體為一張大平板，牆面上方邊飾為較小的石塊排列式樣，有時也用一些列柱飾增加視覺上的立體感和節奏感。這種風格的色彩面貌是透過不同顏色和品質的大理石壁畫形式表現出來的。

第二種風格，稱作「建築結構式」，約形成於西元前八〇年。它有兩種來源：一是模擬希臘化時期羅馬戲劇演出中的舞台布景；二是在西元前二世紀到西元前一世紀之間流行的一種建築式樣。這種風格是在室內的牆面上用透視法畫上建築結構，造成牆壁另一面還有同樣的空間存在的錯覺，從而形成在感覺上增大室內空間效果。也就是說，在二維空間的平面上，創造出三維空間的立體視覺效果。

第三種風格，亦稱作「裝潢式」，與造成錯覺的第二風格剛好相反，它是一種遵循奧古斯都時期古典學院風格特點的裝飾風格。這種風格凸顯了牆壁的環抱形態，還原了牆壁作為一個普通平面的本來面目，主要用單色的水平和垂直兩種線條勾畫出精緻的裝飾圖框，並將每個牆面分成三個圖框，在每個圖框的中央都有一幅畫。這些畫多屬於以神話、宗教或田園為題材的風景畫和人物畫。而牆面的上方，仍然保留了上一種風格以假亂真的建築結構裝飾。

第四種風格，亦稱「複合式」，流行於克勞狄烏斯皇帝和尼祿皇帝時代，它是在吸收第二種風格和第三種風格的基礎上發展而來的，具有多樣化的裝飾類型，充分體現了羅馬藝術廣泛性、開放性的特點。在用色方面，這種壁畫風格的色彩比較鮮明，再加上光影技法的表現，造成了充滿生氣的色彩對比效果。這種風格的另一特色是畫上一齣戲劇和它的舞台布景，此外，這一時期也出現了關於日常生活和神話的題材，比如對流浪漢形象的勾畫，以及對神話和神明的嘲諷等內容。這種風格的代表作品有《海克力斯尋子》、《柏修斯與安朵美達》，在繁瑣而逼真的背景中穿插著各種人物的活動，在視覺上具有華麗明快的效果，同時還有鮮明的空間感和動感，因而它又被稱作是「龐貝的巴洛克」。

羅馬繪畫緣何產生

希臘壁畫保存到現在的極少，與此不同的是，羅馬壁畫的遺跡留存到今天的有很多。這是因為早在羅馬共和時期，社會上層的達官顯貴積累了大量的財富，他們追求生活的舒適和享受的欲望也大為膨脹。據西元前一世紀的羅馬建築家維特魯威回憶，羅馬的私人別墅在那時就像雨後的春筍一般，從城市到鄉村隨處可見，隨之而起的是建築和裝飾設計的趨於多樣化。別墅內用於享樂的附屬建築如人工花園、噴泉、亭閣、雕像，這些幾乎成了所有別墅的必備設施；而室內的壁畫，則成了住宅建築中一個非常重要的裝飾組成。

西元一世紀以後，羅馬壁畫的風格變得更加異彩紛呈、多種多樣，個別大豪富的內宅甚至還繪有春宮圖，真可謂竭盡奢侈享樂之能事。義大利龐貝城出土的壁畫，就為我們提供了一幅古羅馬壁畫的基本面貌。

羅馬的壁畫風格雖然不僅體現在龐貝一處，但透過龐貝壁畫這一斑，卻可以讓我們窺見到羅馬繪畫這個全豹。龐貝古城靠近拿坡里沿海，在西元前八二年被羅馬統領蘇拉所占。隨著戰爭的持續不斷，越來越多超期服役的軍人被安置在城裡，後來又改用了拉丁語，此時的龐貝實際上已經變成了羅馬的領地。

由於龐貝城所處自然條件的優越，西元一世紀時，羅馬的貴族們都開始向龐貝轉移，希望能在那裡安享美好的晚年生活，許多富貴之人也開始在那裡修建別墅。出人意料的是，西元六三年，龐貝發生了一場大地震，損失極為慘重；時隔十六年後，維蘇威火山又突然爆發，噴射而出的岩漿把山腳下的赫庫蘭尼姆城和南部幾公里外的龐貝城連人帶物地活埋在八到三十公尺深的落石與灰漿下。直到一七四〇年代，龐貝古城才被發現繼而開始發掘；到十九世紀末，透過科技手段，龐貝全城才得以挖掘。現在已經建起了專門的博物館，存放著從地下發掘的文物。

羅馬名畫《戴歐尼修斯祕儀圖》

研究龐貝城出土的壁畫，對揭示古羅馬的繪畫風格、美術史都有重大意義。其中龐貝城內祕密祭祀別墅中的一幅《戴歐尼修斯祕儀圖》很值得在這裡作一介紹，它屬於上面所說的古羅馬繪畫風格中的第二種，是用於祭祀的一種壁畫，它的出現可能與當時從希臘傳入羅馬的一種祕密宗教團體有關。

這間房廳的牆面上畫滿了與古希臘人崇拜酒神戴歐尼修斯有關的圖像。圖畫從牆面中間展開，上下兩端為彩繪的裝飾圖案，中間有各色各樣的人物，呈橫向排列。從畫面可以看出，人物活動的情節性很強：有酒神戴歐尼修斯與其妻子——帶翼女神；還有半人半羊外形的薩堤爾等。參加膜拜酒神祕儀的凡間人物還有少女、老嫗和幼童等。從畫面上看，這種祕祭儀式似乎要經過某種痛苦的肉體考驗才能正式通過。圖上左起第一位女性是新加入祕祭的少女，接著是帶孩子前來參加儀式的母親，再後是手捧供物的少女。在靠近牆角的一幅畫中，一位少女正拉起披在身上的衣服，顯示出恐懼的神情；轉角處的第一幅，畫的是一位老人與一位男子狂飲的情景，這位狂飲者即是所謂薩堤爾。

相關連結——古羅馬的建築

古羅馬的建築是古羅馬人在繼承義大利半島上伊特魯里亞人的建築方式、吸收古希臘建築成就的基礎上，在建築技術、形制、和藝術形式等各方面廣泛創新而成的一種建築風格。總的說來，古羅馬的建築有幾大基本特徵，就是：厚實的磚石牆、半圓形的拱券、逐層挑出的門框裝飾以及交叉的拱頂結構。

古羅馬建築的類型名目繁多，既有類似於萬神殿的宗教性建築，也有包括皇宮、劇場、角鬥場、浴場以及廣場和長方形會堂等在內的公共建築類型。居住建築又有內庭式住宅、內庭式與圍柱式院相結合的住宅等多種形式，此外，還有四到五層的公寓式住宅。

古羅馬世俗建築的形制相當成熟，建築體與其應有的功能達到了完美的結合。如羅馬帝國的大型劇場，觀眾席在平面上都呈半圓形而逐排升起，走道的設計採取了以縱為主的縱橫結合樣式。觀眾可以按照票號從不同的入口、樓梯到達各區座位，這樣有效分流了人群，使得觀眾聚散方便。用於表演的舞台則高高凸起，在它前面配有樂池，後面配有化妝樓。巧妙的是，化妝樓的立面便直接作為舞台的背景，兩端向前凸出，以形成台口的雛形，與現代化大型演出所用的劇場形制非常相似。此外，古羅馬的建築常常是多功能的，能滿足各種不同功能的需要。

古羅馬建築在西元一到三世紀達到了其發展的巔峰，甚至可以說它也達到了西方古代建築的高峰；到西元四世紀下半葉，這種盛況開始衰落；直到十五世紀後，古羅馬建築才在歐洲重新成為學習的典範，這種復興狀況一直持續到一九二〇到三〇年代。

古羅馬的教育狀況

教育是文明發展到一定階段的產物，是改善和提高人們自身素養的一種手段，所謂「玉不琢，不成器；人不學，不知義」就是指這個道理。

羅馬的教育可以明顯分為兩個階段。第一階段為家庭教育階段，因為這一階段的教育完全是在純羅馬思想和方法的控制下進行的，所以，它又被稱為羅馬的傳統教育階段。第二階段為學校教育階段，在這一階段裡，羅馬人不但引進了希臘人的教育思想，而且還引進了希臘人的教育方法。「希臘化教育」時代的到來確實帶給了羅馬教育生機，促進了羅馬教育事業的發展。因上述兩個時期所處的文化背景各不相同，所以它們的教育目的、教育內容和課程設計、教育過程與實施方式以及教育效果也不盡相同。

家庭教育的純樸

早期的羅馬社會是農業社會，家庭是支配當時羅馬人社會生活的主要力量。這時的羅馬教育，都是在家中進行的。家庭既是社會的基層組織，又是教育兒童的主要課堂和中心。兒童們未來的優良品行和正確的社會責任感都是從這裡培養起來的。一般來說，早期羅馬的教育主要包括言行教育和課本教育兩大類。

一類是言行教育。所謂言行教育就是長輩透過言傳身教的方法，把自己所積累的知識和經驗傳授給下一輩。這種教育在早期羅馬可以說相當普遍。言行教育的範圍相當廣泛，但主要有：農業技術的傳授。父輩們經常帶領自己的兒子在田間實地農事操作，並在勞動過程中，傳授有關農業生產的知識和經驗。在勞動之餘，父輩們還經常教兒子們投擲標槍，練習騎馬、角力、游泳，傳授有關軍事方面的知識、技能。社會經驗的傳授。等兒子稍大，父輩們就帶領他們出席各種會議，讓其聆聽長輩們的言論，模仿他們的言行規範，並參加各種宴會，學習就餐禮儀。

另一類是課本教育。在實行言行教育的同時，羅馬人還特別注意對兒童的課本教育。當時的主要教材為歌頌英雄的民謠、宗教上和軍事上的詩歌以及《十二銅表法》。父母們利用這些材料，對兒女進行讀、寫教育，使兒女初步掌握日常的文化知識。

家庭教育的品質明顯取決於父母親的文化知識素養和對它的重視程度。

羅馬傳統教育的主要目的在於培養合格的羅馬公民，在於培養良好的士兵和丈夫。所以，在羅馬人那裡，教育只是為了實際的需要，對於與現實生活無直接關係的任何內容，他們一般都很少注意。

學校教育的嚴厲

古羅馬學校教育的出現時間較晚。它的出現與希臘人的到來有很大的關係。根據現有的材料，即使到了西元前三〇〇年，羅馬的教育仍然處於家庭教育時代，教育的地點依然是家庭、田野和政治活動中心。人們所崇尚的還是個人的勇猛和嚴格的公共道德。因為當時羅馬與外界接觸甚少，所以對其他種類的教育並沒有多大興趣。但是隨著羅馬和義大利半島南部及西西里等希臘化城市接觸的增多，羅馬與希臘化文化的交流也有了一定的發展。

西元前三〇三年，一些希臘教師來到羅馬，並在這裡創設小學，以補充家庭教育之不足。不過，這些學校的創設，完全是一時風尚，對羅馬傳統的教育制度並未形成嚴重的威脅。

西元前二八〇年，羅馬開始向南部義大利進軍。八年以後，義大利半島南部的希臘化城市他林敦被羅馬占領。有許多希臘人被作為奴隸帶到羅馬，著名的文法學家安德羅尼庫斯便是其中的一員。在羅馬，他被分派到學校教書。在教學過程中，他發現羅馬的教學課本非常貧乏，於是就動手將由希臘文寫成的《奧德賽》譯成拉丁文。此書的翻譯，對於羅馬學校的發展和羅馬文學氣氛的培養，均有重要的影響。《奧德賽》立即成了學校的重要課本，成為《十二銅表法》以外的補充讀物。

此後，羅馬的私立學校不斷出現，許多希臘教師也紛紛到這裡授課講學，學校教育開始在羅馬發展起來。不過，這時的學校教育，就其範圍而言還很小，教育的對象也僅限於上流社會的少數青年，距離教育的普及還相當遙遠。

羅馬學校教育的發展顯然是與羅馬對希臘的征服分不開的。西元前二世紀中葉，希臘被羅馬徹底征服，成了羅馬的一個行省，希臘文化如同開閘之水，直瀉羅馬。希臘的文人學者、教育家成批成批湧向羅馬，在這裡創設學校，講授知識，傳授思想。一時間，羅馬城變成了希臘學者傳播希臘思想和文化的講台。然而，希臘對羅馬的文化征服並不是一帆風順的，它遭到了羅馬頑固派的頑強抵抗。西元前一七三年，兩位伊比鳩魯派教師被元老院逐出羅馬，理由是他們提倡享樂主義。十二年後，元老院又發布禁令，禁止希臘哲學家及修辭學家在羅馬居住。

然而，對希臘文化的干預並沒有帶來很大的效果，從安德羅尼庫斯起，逐步發展起來的希臘一拉丁文學，到西元前二世紀中葉，已經得到了羅馬公民的普遍喜愛。這種對文學的喜愛，不但促進了拉丁文學的發展，而且也加速了「文法」學校的設立。西元前一世紀初，斯蒂羅在羅馬創立了第一所拉丁文法學校。不久，羅馬又出現了一些拉丁修辭學校。與此同時，在羅馬也出現了用拉丁語教學的老師。

西塞羅告訴我們，他曾清楚記得在他還是孩子時，有一個名叫普洛提烏斯的人首先開始用拉丁語教學。那時，成群結隊的學生上門求教，所有勤奮的學生都在他那裡接受訓練。這樣，羅馬的學校教育終於在希臘文化的影響下確立起來了。

延伸閱讀——羅馬的中學教育

羅馬的中等學校又稱文法學校，經濟上較為富裕的人家的男孩在小學畢業後便可進入這種學校。最初，羅馬的中等學校事實上是一種外國語學校。教學用語是希臘文，教師大多是希臘人或由希臘人教育出來的拉丁人，教材也是希臘人的作品居多。到西元前一世紀初葉，隨著拉丁文學的發展，這些學校也發生了變化，除了原先的主課以外，還增設了拉丁文、拉丁文學等課程。與此同時，以講授拉丁文為主的文法學校也開始出現。

學生進入中等學校以後，開始學習文法課程。羅馬的「文法」主要包括兩部分，即正確的語言藝術和詩人們的解釋。用現代的話說，羅馬的文法教育實際上就是指語法和文學的教育。按照慣例，學童們首先學習的是希臘或拉丁語法。學習語法的目的主要在於正確無誤使用語言。狄奧尼修斯．特拉克斯所著的《希臘語法》和拉米烏斯．帕萊蒙所撰寫的《拉丁語法》是當時學童學習語法的主要教材。學童必須細心學習動詞的變尾和名詞、形容詞、代詞的變格形式。

掌握了基本語法之後，學童們又開始了希臘文學或拉丁文學的學習，學習文學的目的在於培養羅馬青年對文學風格的欣賞能力，以便拓寬視野，開闊思路。詩人的作品常常是學童們學習的主要教材。

學習的程序是：先朗讀必讀的教材。文法教師先朗讀一段，學生們則跟著他複誦，要求仔細注意音調和音量，盡量使朗讀收到真正的效果。接著由教師講述課文，包括有關詞源和文法特點的注釋，以及有關歷史、神話、哲學和自然科學的旁注。老師講課時，學生應將評注記錄下來，並要求熟記。再接著就是仿照亞歷山大里亞學者的方式，校勘和討論不同的讀物。

此外，老師還要對所選文章做一評論，對作品本身，作者創作風格，以及主要的優缺點做一些批評性的評價。

最後，為了鞏固已學到的知識，訓練學童的表達能力，教師有意讓學童用自己的語言複述課文的內容，做各種釋意練習。

一般來說，中等學校的設備很好，教師的待遇也非常優厚。因此，他們在羅馬社會中的地位也較高。學校內紀律嚴明，要求嚴格，違反校紀者常受體罰。每日授課時間很長，學生從早晨上學一直要到傍晚才能回家。一年四季只有暑假而沒有寒假，暑假由六月一日開始到十月一日結束。此外，各種紀念慶典，中等學校也都放假慶祝。

除了中等學校以外，還有專業學校。羅馬的專業學校又稱修辭學校，羅馬貴族或富有人家的子弟，在十六歲以後便可進入這種學校，接受三年或四年的修辭教育，以補充文法學校教育之不足。這種學校也是在羅馬征服希臘後，仿照雅典的模式而設立的，其目的在於培養專門的雄辯人才。哈德良的私人祕書蘇埃托尼烏斯曾告訴我們說：「文法和修辭被介紹進來是很遲很遲的事，其間也是迭經挫折，甚至也被禁止過……但漸漸的，修辭學本身證明它是一門很有價值的學問，群眾開始用它保護自己，並同時用它擴大影響，獲取榮譽。到帝國初期，修辭學的作用已經發展到如此之大，以致許多學過修辭學的人都登上了元老和高級官吏的位置。」

羅馬修辭學校最初都是私立的，到維斯帕先時，才出現了由政府出資創辦的公立學校。修辭學校的課程主要為修辭學和辯論術。但為了把學童培養成學識廣博的雄辯人才，學校還為他們開創了各種與雄辯術有關的課程，其中包括軍事、政治、法律、哲學、倫理、文學、歷史、地理、音樂、天文、數學、物理等。中世紀的七藝——即文法、修辭、倫理、音樂、數學、幾何及天文——似乎都包羅在修辭學校的功課裡面。

修辭學校的教學方法，首先是精讀著名雄辯家的講演詞，然後再由教師指定題目做實習辯論，練習撰寫演講稿。精讀、實習辯論、撰寫講演稿的題目，都必須遵循羅馬法的法理精神，例如，當時的修辭學校就曾出過這樣的辯論題目：

(一)一些商人在布隆度辛卸貨，船上裝的是奴隸。由於害怕海關收稅員，他們為一個年輕漂亮、可賣高價的奴隸佩帶了護身符，穿上鑲紅邊的托迦。經過這樣的喬裝打扮，很容易瞞過了檢查。到達羅馬後，他們受到了起訴，並被要求釋放這個奴隸，理由是主人已自願釋放了他。

(二)法律規定：如果有位婦女被誘姦，則她有兩條路可走：一為控告誘姦者以置他於死地，一為不送嫁妝而嫁給他。當一名男子誘姦了兩名婦女，其中一名要求置他於死地，另一名則選擇要嫁給他。此案如何處理？

(三)假如有人向漁夫包購水中網內的魚，不料魚網拉上來時，並不是魚而是珍珠，試問買魚人有沒有權利要這些珍珠？

很顯然，修辭學最初主要講述的是蘇格拉底和亞里斯多德的學說，到後來則變成西塞羅和昆體良的言論。不過，到帝政時期，由於皇帝們控制了學校教育，剝奪了學校愛好自由的教育精神，使修辭學校的性質發生了明顯的變化，教育內容開始從現實社會的實際需要逐漸轉到了神話和歷史的題材，學校的作品也開始從解決社會實際問題逐漸變成了高度誇張和人工雕琢的成品。

影響深遠的羅馬法

羅馬法是古代世界各國法律中內容最豐富，體系最完善，而且對以後世影響最廣泛的法律。羅馬法是羅馬人民天才的最高體現，是羅馬人留給人類文明的一份最寶貴的遺產。

羅馬法經歷了千年的歷史發展，它所處的環境條件使它能高瞻遠矚，將法律的規範擴展至不同的地區和世界。德國法學家耶林曾經形象的說過：「羅馬曾三次征服世界：第一次以武力；第二次以宗教；第三次則以法律。而這第三次也許是其中最為平和，最為持久的一次征服。」

公民法時代

羅馬法通常是指通行於整個古代羅馬世界的法律。上至羅馬建國，下迄《查士丁尼法典》的完成，前後一千多年，在這中間所頒布的所有羅馬法律都叫做「羅馬法」。從時間上說，羅馬法可以分成三個時代，即公民法、萬民法和統一法時代。

羅馬的公民法時代大約相當於西元前六世紀中葉到西元前二世紀中葉。這一時代的特點是公民法在羅馬占著統治地位。羅馬的公民法主要包括習慣法和成文法兩種形式，它的出現和發展顯然與平民反對貴族的鬥爭分不開。

和其他早期國家一樣，羅馬在國家形成的初期，並不存在成文法，更不存在成文法典，唯一具有法律權威和功用的便是當時人的習慣，即一種未經政府明確承認而被一般人接受並默認為社會生活中相互關係之規則的制度原則。由於習慣法沒有固定的成文形式，因此它便具有很大的伸縮性和不確定性。而這種法律制度上的缺陷在司法制度落後的古代又往往會導致法律規範的不精確。這樣，無形中就為法官故意壓迫平民，袒護貴族提供了方便。

平民們為了改變這種不平等的地位，就主動組織起來，向政府施加壓力，要求政府編纂成文法。在平民的強烈要求和壓力下，羅馬政府被迫於西元前四五〇年至西元前四四九年頒布了羅馬歷史上第一部成文法典——《十二銅表法》。

《十二銅表法》作為羅馬國家的第一部成文法典，不僅在羅馬法歷史上占有重要地位，產生過深遠的影響，而且對羅馬歷史的發展也有重要的影響。《十二銅表法》的原文已毀於西元前三九〇年的高盧戰火，現成的是後經許多學者的輯錄本。但從這裡我們還是可以看出，這一法律的內容相當廣泛，公法與私法、實體法與程序法、刑法與民法、同態復仇與罰金、氏族繼承與遺囑等等相互交錯。

《十二銅表法》的頒布對於貴族是一次沉重的打擊，因為法律已經編成了明確的條文，量刑定罪，須以條文為準，這就在一定程度上限制了貴族的專橫和濫用權力，從而使國家制度不至於自發導向腐化與腐敗。但是平民的勝利還是初步的，平民與貴族的矛盾並沒有因此而消除，兩者之間的鬥爭也並沒有因此而終止。雙方鬥爭的結果，一方面調整了羅馬公民內部的階級關係；另一方面又促進了羅馬國家的立法工作。

一般來說，西元前二世紀中葉（尤其是西元前二四二年）以前羅馬所通過的法律，大多都屬於公民法的範疇，其目的是調整公民內部的矛盾與紛爭。

公民法亦稱市民法，是羅馬國家「為了本國公民頒行的法律」。淵源主要是早期羅馬社會的習慣。此外，公民大會和元老院所通過的帶有規範性的決議等都可作為公民法的淵源。公民法的內容主要是有關羅馬共和國的行政管理、國家機關及一部分訴訟程序的問題。其適用範圍僅限於羅馬公民，居住在羅馬的異邦人則不能享受此法的保護。

萬民法時代

公民法比習慣法已經有了很大的進步，自然具有許多優點，然而，它畢竟只是早期羅馬社會習慣的成文法，後來雖由公民大會或元老院以立法充實，但就整體而言，仍存在著許多缺陷。

到西元前三世紀中葉，在羅馬，終於出現了專門審理涉及臣民案件的行政長官，他們頒布告示，常常以自己認為「合理」的辦案措施來受理各種案件，這樣，就逐漸形成了比公民法範圍更大的「國際法」。這種類似今日「國際私法」的羅馬法，就是古羅馬史上有名的「萬民法」。

萬民法時代相當於西元前二世紀中葉到西元三世紀初葉，這一時期的最大特點是：萬民法對社會生活的影響越來越大，並逐漸成了羅馬法制史上占統治地位的法律形式。當然，公民法並沒有因之消退。

萬民法，意即「各民族共有的法律」，是繼公民法之後逐漸形成和發展起來的羅馬私法體系的一個重要組成部分，是用來調整羅馬公民和異邦人之間以及異邦人與異邦人之間民事法律關係的羅馬法律。在羅馬私法體系中，萬民法是比較成熟和先進的部分，也是後期羅馬法的基本內容。

萬民法產生於羅馬共和中後期，但只有在西元前二世紀中葉以後才有了很大的發展。從形式上說，萬民法並不是由立法機關所制定的法律，而是透過羅馬外事行政長官所頒布並被羅馬國家用強制力保證實行的法律。這種法律的出現和發展完全是當時社會發展的必然。

羅馬萬民法的出現和發展不但彌補了公民法的不足，加強了羅馬奴隸主對奴隸的剝削，而且它還為羅馬統治者殘酷剝削和壓迫行省居民提供了法律依據。

萬民法產生的淵源頗為複雜，其中之一便是皇帝敕令。帝國建立以後，帝王權威逐步擴張，並以敕令的形式直接參與立法。所以，皇帝敕令遂成為羅馬法的淵源之一，其內容既涉及公法，亦涉及私法。

皇帝立法的主要形式包括：敕諭，對全國發布的有關公法和私法方面的各種命令；裁決，親審特殊案件時所做出的決定；批復，皇帝對於人民和官吏法律上的疑問所加的批示；訓示，皇帝在官吏就職時對其所做的指示。

統一法時代

到戴克里先時代，敕令採取了新的方式，即每項敕令不復為特定案件發布，而是根據帝國利益的一般要求。這樣，就擺脫了以前敕令的司法色彩，真正具備了立法的特徵。

從卡拉卡拉敕令頒布到查士丁尼去世，是為羅馬的統一法時期，它也是羅馬法發展的最後階段。西元二一二年，卡拉卡拉頒布敕令，這一敕令給予登記在任何公社之內的帝國的全體自由居民以羅馬公民權。卡拉卡拉敕令的頒布，使帝國境內全體自由民獲得了公民權，從而取消了帝國內部自由民之間公民與非公民的區別，這樣，至少對自由民來說產生了私人的平等。原先適用於不同法律主體的公民法和萬民法之間的區別已不復有實際意義。羅馬法的發展開始從創新階段進入了彙編階段，也即整理和提煉的階段。

最早從事法律彙編工作的是哈德良皇帝，他在繼位後的第十四年，即西元一三〇年就指示著名法學家猶里阿努斯組織一個委員會，負責整理修訂現有的行政長官告示，隨之頒行天下，奉為圭臬，是為《猶里阿努斯敕令》或《永久敕令》。

進入三世紀以後，這種法律的彙編工作越來越受到了皇帝們的重視。西元二九五年，戴克里先皇帝指令法學教授格雷哥利阿努斯組織並編訂了一部法典，法典共分六篇，篇下分章節，內容為哈德良皇帝至戴克里先皇帝年間的法律。

西元四三五年，狄奧多西二世詔諭組成以安提奧古斯為首的十六人委員會，籌備彙編自君士坦丁時代以來的憲令。三年後，即西元四三八年於君士坦丁堡頒布，法典共十六篇，篇下依法律發布的年代分目編訂。前五冊為私法，其後分別是公法、刑法、市政法、軍事法和教會法。但大規模、系統做法典編纂工作韻還是在東羅馬帝國的查士丁尼時代。

查士丁尼原係斯拉夫血統，出身於伊利里亞的一個農民家庭。早年去君士坦丁堡，投靠其擔任高級將領的伯父查士丁，並在那裡接受教育。查士丁做皇帝後，因無兒子，便把他收為養子，並授予要職。西元五二七年，他與其伯父共同攝政，同年即位正式稱帝。查士丁尼的出身和閱歷，使他對羅馬國家的內憂外患有比較清楚的認識，因此頗想勵精圖治、重振昔日羅馬帝國的國威。查士丁尼認為：「皇帝的威嚴光榮不但須以兵器而獲得，而且須用法律來鞏固。這樣，無論在戰時，還是在平時，總是可以將國家治理得很好；皇帝不但能在戰場上取得勝利，而且能採取法律的手段排除違法分子的非法活動。皇帝既是虔誠的法紀伸張者，又是征服敵人的勝利者。」所以，他上台後所做最重要的兩件事便是：其一，在西方發動大規模的戰爭；其二，在國內積極從事法制建設。

西元五二八年二月十三日，查士丁尼任命法學家特里波尼阿努斯組成一個十人委員會，負責領導法典的編纂工作，清理以往皇帝頒布的法令，刪除其中矛盾的和過時的部分，並按時間順序把所製部分彙編成冊。該法典於西元五二九年正式頒布生效，是為《查士丁尼法律彙編》。凡未經輯入的敕令，一概失效。《法律彙編》頒布後，查士丁尼又發現還有許多新敕令尚未收入，於是就令法典編纂委員會繼續整理，並於西元五三四年批准頒布新的修訂版本。修訂本共分十二卷，包括哈德良皇帝以來的四千六百五十二條敕令，其內容主要包括教會法、私法、刑法及行政法等等，流傳至今的這個《法律彙編》是九世紀至十二世紀的手抄本，它是我們研究羅馬法的主要文獻資料。

西元五三〇年，查士丁尼再次任命以特里波尼阿努斯為首的十六人委員會，負責編纂歷代羅馬法學家的著述，並准許他們剔除有悖於時代精神的內容。編纂工作歷時三載，據說，在編纂期間，委員們曾博採三十九位法學家的學說，參考著作達兩千餘卷，從三百萬行法學文獻中，選萃十五萬行，著錄成《法學彙編》一書。

《法學彙編》是古代羅馬所有法律彙編中最為廣博的一部，全書共分五十卷，除了第三十卷至三十二卷以外，其餘各卷都分章，每章之末都附列法學家的姓名、書名和卷數。其內容主要包括：關於法律和習慣中所表現出來的比較古老的羅馬法摘錄；關於最高行政長官法的摘錄；關於法學家特別是烏爾比安和保羅斯的重要著作的摘錄。

《法學彙編》於西元五三三年十二月頒布施行。為了保證法律的統一性，查士丁尼規定：凡是已收入彙編的有關法學家的論述，均具有法律效力。凡未經輯入的著作，則一概不許引用。《法學彙編》是我們研究帝國時期羅馬法律的最好資料。

查士丁尼在下令編撰《法學彙編》的同時，又諭令特里波尼阿努斯、提奧菲路斯和道羅戴烏斯等法學家另編一部法學教科書，講述法律要點，以更好幫助初學者學習法律。此書以西元二世紀著名法學家蓋烏斯的《法學階梯》和《日常事件法律實踐》兩書為藍本，並參照其他法學家的著作彙編而成。

西元五三三年十一月，書告編竣，是為查士丁尼的《法學階梯》。它被列為官方的法律教科書，而且本身具有法律效力。全書共四卷，卷下有章，章下設節，主要是關於人法、物法、繼承法、契約法和訴訟法等方面的規定，它的體系和結構對後世立法者有很大的影響。查士丁尼編寫這一教科書的目的是讓學生們熱心接受並不懈努力學好羅馬法律，使其能在盡可能的範圍內用羅馬法處理事務。

查士丁尼在主持法典編纂時曾經以為，透過此舉便可將羅馬法固定下來，似乎可以一勞永逸了。但是現實生活的發展迫使他改變以往的想法，需要不斷用新的立法來調整和改進與私法有關的舊的法律規範，以滿足社會經濟條件的需要。據計算，從西元五三四年《查士丁尼法律彙編》修訂本頒布以後直至西元五六五年查士丁尼去世，三十一年間，他共頒布敕令一百六十八條。這些敕令因為是在《查士丁尼法律彙編》完成後頒布的，所以叫做《新敕令》。《新敕令》是在查士丁尼死後由私人編輯成書的。其內容多關係到公法、宗教規範等。此外，對於繼承法也有很多新的規定。

以上四部法典，即《查士丁尼法律彙編》、《法學彙編》、《法學階梯》和《新敕令》，至十二世紀時，統稱為《查士丁尼民法大全》（又譯《國法大全》）。這一重要法律文獻雖然是在西羅馬帝國滅亡後編纂的，但在編纂過程中曾參考了羅馬六世紀以後的大量法律著作，所以，一般說來，它能夠反映出整個羅馬時期尤其是帝國全盛時期羅馬法的全貌。

羅馬法的巨大影響

羅馬國力之強盛，幅員之廣大，人口之眾多，經濟之先進，早已成了悠悠往事。然而，羅馬法律的基本精神，羅馬法律的絕大部分內容，卻逾千古而猶存，對後世文明尤其是近代文明產生了極大的影響。

第一，羅馬法曾經為市民階級或資產階級戰勝教會和世俗的封建勢力提供了理論武器。

在西歐封建社會初期，羅馬基督教會在意識形態領域裡占據著支配地位，它壟斷了西歐的文化和教育。在這一時期裡，政治和法律都掌握在僧侶手中，它們也和其他一切科學一樣，成了神學的分支，一切按照神學中通行的原則來處理。「教會教條同時就是政治信條，聖經詞句在各法庭中都有法律的效力」。所以，「一般針對封建制度發出的一切攻擊必然首先就是對教會的攻擊」。

羅馬法就是反對封建教會及其宗教法規的最銳利武器。而運用這個武器來對抗「教士即封建時代的法學顧問」的，就是「非宗教界的法學界」了。因為後者「實質上屬於市民等級；而且，他們本身所學的、所教的和所應用的法律，按其性質來說，實質上也是反封建的，在某些方面還是市民階級的」。

這些世俗法學家們常常運用王權至高無上的羅馬法原則，來反對教會和貴族的割據勢力；同時，他們又依據無限私有制的原則和自然法的觀念，來為市民階級辯護，反對封建專制制度。因此，無論是國王還是市民，都從成長著的法學家等級中找到了強大的支持，都從羅馬法中找到了維護自身利益的依據。

第二，羅馬法為資本主義經濟的發展和鞏固提供了現成的法律形式。

中世紀後期，西歐各國資本主義經濟在簡單商品生產的基礎上發展起來了。變化發展了的社會經濟條件，要求產生為自己服務的法律上層建築，急需用新的「私法」來調整層出不窮的民事法律關係。而以查士丁尼的《民法大全》為代表的羅馬法恰好是一種完整體現簡單商品生產的法，它對商品生產的各種法律關係，例如所有權、債權和契約等等，都做了極為詳盡的規定。因此，這種法律正好符合促進新興資本主義形成和鞏固的歷史要求。

十五世紀至十六世紀，除英國以外的西歐各國普通出現了「採用羅馬法」的熱潮。到十九世紀初，則更出現了以羅馬法為基礎的代表資產階級利益的《拿破崙法典》。

第三，羅馬法為新興資產階級的民權理論提供了思想淵源。

羅馬法是一部非常重視自由民之間私人權利和極力主張自由民之間私人平等的法律。因此，它對於私法方面的財產占有和親屬關係等都規定得十分詳細。很顯然，羅馬法的這種法理思想，是從自然法的觀念中演變和發展而來的。

在自然法的概念之下，人人平等，人人都有其自然權利。因此。人為的「實在法」，也應當給人以平等權。所以，法律面前人人平等，人人都有一份應得的自然權利，這並不是國家法律所賦予人民的，乃是人民與生俱來的固有權利。國家不可以壓迫人民，更不可以剝奪人民應享的權利。統治者如果侵犯了人民的權利，人民就可以用革命的方式推翻這個政權。

這種淵源於自然法的「權利」和「平等」觀念，對於英法等國的革命思想，提供了重要的理論根據。十七世紀至十八世紀新興資產階級的政治、法律思想家，從格勞秀斯到盧梭，都是以這種思想作為自己理論的基礎。

第四，在資產階級取得政權以後，羅馬法則又為資產階級法律體系的建立提供了楷模，它是近代歐洲大陸國家立法所遵循的範本。

以大陸法系的典型代表法國、德國為例，早在一八〇四年，法國就制定了一部以羅馬法（主要根據《法學階梯》）為藍本、反映資產階級革命勝利成果的法典——《民法典》，即《拿破崙法典》。

這部法典從結構、內容、基本原則到法律術語都繼承了羅馬法。尤其是關於物權和債權的規定幾乎是全部抄襲《民法大全》。德國接受羅馬法較晚，中世紀神聖羅馬帝國時代，才開始採用羅馬法的一些原則和制度。一九〇〇年制定的德國民法典，實際上就是以《民法大全》中的《法學彙編》為藍本的。在英國，因為諾曼人征服後，「就有一個強大、集中的君主統治，它能以自己的王室法律取代昔日的法律秩序」，所以當西歐大陸在中世紀普遍「採用羅馬法」時，英國仍能保持自己的法律傳統。

總之，羅馬法的影響已經遠遠超出了孕育它生長的社會，它不只是羅馬人的法律，而且是全人類的法律；不只是羅馬人的文化遺產，而更是全人類的文化遺產。

相關連結——昆體良的教育思想

昆體良（約西元三五年到一〇〇年）是羅馬教育史上最偉大的教育思想家、著名辯護師和修辭學教授。他出生於西班牙，後來到羅馬專攻雄辯術和修辭學，並擔任辯護師職務。在維斯帕先皇帝時，他得到了羅馬政府的獎助。他是羅馬第一個獲得國家資助的教育家。後來因辦學有功，被帝國政府授予執政官的榮譽稱號。西元九六年，他成功完成了《演說家的教育》一書。此書共十二卷，是西方教育史上第一本專門研究教育理論的著作。在書中，昆體良全面總結了古代西方在教學實踐方面的成功經驗，並系統闡述了自己的一整套教育思想。

昆體良提出的教育目的和西塞羅一樣，在於培養具有最高道德修養的演說家。他認為一位名副其實的演說家，不僅僅是一名口才出眾的講演者，而且是一位透徹人情世故、洞察人間事務的政治家，是一名具有領導才能的傑出公民。他說：「我所要培養的人是具有天賦才能、在全部高等文理學科上都受過良好教育的人，是天神派下來為世界爭光的人，是前無古人的人，是各方面都超群出眾、完美無缺的人，是思想和言論崇高聖潔的人。」「經過他的諮詢可以治理國家，經過他的立法可以奠定國家的基礎，經過他的判決可以洗滌社會罪惡。」

那麼，怎樣才能培養出這種理想的演說家呢？對此，昆體良提出了一整套對後世頗有影響的培養方案。

昆體良非常重視人的後天教育，他認為，兒童一般都生而具備智力活動和理解能力，遲鈍且難以教育的人是罕有的。因此，要把兒童培養成演說家就必須對他們全面系統的教育。他指出：「大多數人既能敏銳思考，又能靈敏學習，因為此種靈敏是與生俱來的。正如鳥生而能飛，馬生而能跑，野獸生而兇殘，唯獨人生而具有智慧和理解力。」所以，認為只有少數人生而具有接受能力是不可取的。「絕大多數兒童都表現出他們大有前途，如果在以後的歲月中這種希望成了泡影，那就說明，缺少的不是天賦能力，而是培養。」

昆體良認為，從幼兒說話之日起，家長就應該注意對幼兒的道德教育，就應注意自身語言與行為的純潔性，注意環境的習染作用。與那些總是想把兒童的上學年齡推遲到七歲的人們的意見相反，昆體良主張，應盡早讓兒童接受學校教育。這是因為「學習的要素僅僅是依賴於記憶，而記憶雖然不僅僅在兒童時期，但這一時期的記憶力最強，這是毋庸置疑的」。

昆體良高度評價學校教育的價值，認為它遠比在家裡接受一位私塾教師的教育為佳。在家庭教育下，孩子容易養成冷漠、自誇及羞怯的習性。而學校教育則不同，它是社會團體教育的一部分。學校裡學生集中，不但有結交朋友的環境，而且也有競爭對比、彼此觀摩的機會，因此，從學校培養出來的學生一般都可以避免離群索居的習性，很快就能勝任演說家的角色，在公眾面前不慌不忙發表演講。

昆體良認為，學童只有在經過小學、中等學校和修辭學校三個階段的學習以後，才能成為一名演說家，小學和中等學校都是為未來演說家打基礎的階段，而修辭學校則是培養演說家的最後也是最關鍵的階段。在這一階段裡，學生必須學習與演說術有關的各種課程，以了解知識的實踐運用。從音樂的研究中，培養合乎節奏的演說語調；從幾何的研究中，訓練演說家推理和機智善辯的能力；從天文學的研究中，充實演說的題材；此外，學生還必須學習詩歌、歷史、邏輯、散文等課程以及演說術的各種技巧。

同時，昆體良十分重視教師的作用，他認為要做好教學工作，教師是至關重要的。昆體良深信，每一兒童都具有才能上的個別差異，教師在教學過程中應該「精確觀察學生能力的差異，並且弄清每種能力的傾向」。教師在辨識了學生的能力和個性以後，就必須因材施教，按照每一學生的具體情況安排課程。對於低能兒童，教師就應適當減慢教學速度，調整教學內容，以便適合他們的接受能力。對於那些勤奮好學而又有希望成為著名演說家的兒童，教師就必須盡心培養，以確保他們的全面發展。《演說家的教育》始終關心的是「教什麼，何時教，如何教」三個問題。

昆體良認為，競爭是教學的良方，也是學校教學優於家庭教學之所在。教師應按照學生的表現分成等級，讓學生有更多的機會參與競爭，勝者給予榮譽，敗者給予鼓勵。學生有了「成就感」，就自然會對學習產生興趣。

昆體良特別強調創造力的培養。他說：「童年時代要經常表現出勇敢、創造力，以創造為快樂。雖然他們可能缺乏正確性和準確性。過分的精力旺盛不難糾正，麻木不仁則是不治之症。」他真誠希望年輕的學生能表現出豐富的創造力。

昆體良是古代希臘羅馬教育經驗的集大成者，昆體良最偉大、最卓越的地方在於，他給予偉大人物以基礎訓練和塑造偉大人物的努力。他的理論不但在當時，就是對文藝復興以後的西方教育也影響巨大。人文主義的主要健將伊拉斯莫曾聲稱：昆體良的教育主張已是完美無缺，因此人文學校的教育只要按昆體良的思想行事即可，不必另提教育理論。西方近代的教育模式實際上就是按照昆體良的教育理論建立起來的。

有關耶穌的傳說

眾所周知，記敘歷史事件或歷史人物的年代，一般都說西元多少年或西元前多少年。那麼「西元」是什麼意思呢？它有什麼來歷呢？

「西元」，也叫基督紀元，是把傳說中耶穌誕生的那一年作為計算歷史年代的第一年。

如果要表示事情發生在耶穌尚未誕生的某年，就用「西元前」三個字來表示，比如，秦末農民起義發生在耶穌誕生以前的二〇九年，那麼就記作「西元前二〇九年」。如今，世界上多數國家都採用這種紀年的方法，並把這種紀年的方式稱為西元紀年。

猶太戰爭與基督教的形成

約西元一世紀前後，古羅馬帝國占領了西亞的很多領土，也就是在這個時候，將猶太變成了它的附屬國。羅馬帝國的統治者對西亞的人民實行了殘酷的鎮壓、剝削和野蠻的統治。羅馬人曾經兩次劫掠猶太人奉為最高神聖性的耶路撒冷神殿和寶庫。因此，猶太人極端痛恨羅馬人，他們對羅馬的積怨越來越深，導致了多次起義，但都被殘酷鎮壓。西元六六年，積壓的仇恨烈火最終爆發成為一場規模巨大的猶太人武裝反抗，猶太人一舉消滅了羅馬在耶路撒冷的全部駐軍。這就是歷史上有名的「猶太戰爭」。

為了打擊猶太新生的勢力，羅馬帝國隨即派出大軍前來鎮壓，而奮起反抗的猶太人也於羅馬人殊死抵抗。雙方之間的持久戰歷時四年之久，最終因為寡不敵眾，猶太的起義被鎮壓了。羅馬軍隊在重新占領耶路撒冷以後，對猶太人開始實施瘋狂的報復行動，他們將俘虜活活釘死在十字架上。後來，因為要釘死的俘虜太多了，不但用於釘人的十字架沒有了，就連豎立十字架的地方都找不到了，於是，剩下來的七萬多猶太人俘虜，都被變賣為奴隸。

事實上，早在猶太被羅馬征服以前的西元前二世紀，猶太下層居民中就存在著一種反對王權和正統教派的祕密宗教組織。這種宗教組織對富貴階層和統治階級都抱著極度憤恨的態度，其教義宣揚「救世主」即將降臨人世來拯救受苦受難的人們。這些宗教思想對當時在生活上飽受苦難、渴望在精神上尋求寄託的下層猶太人民來說，無疑具有強大的吸引力。而在羅馬滅亡猶太以後，這種宗教組織不僅在猶太人中間更加壯大，而且還跟著他們在巴勒斯坦和安納托力亞一帶傳播開來，它的信徒也日益增多。在傳教的活動中，猶太人還接觸到了東方其他民族的宗教、文化，他們吸收了這些宗教的某些思想和內容，豐富了自己的宗教教理，這就逐漸形成了後來成為全球三大宗教之一的基督教。

耶穌的傳說

傳說中基督教的創始人是耶穌基督。但在西元一世紀時期的文獻中，沒有任何一種文獻有過有關耶穌的記載。他的傳說最初是透過教徒們不斷口耳相傳流傳於世的，到了西元二世紀，有人將這些傳說統一記錄和整理出來，這就成了今天所稱的《新約全書》（基督教《聖經》的後一部分）中的四部「福音書」。

傳說認為耶穌基督是上帝的兒子，他出生在猶太伯利恆村的一個木匠之家。母親瑪利亞在還沒有結婚時就受「聖靈感應」，生下了耶穌。耶穌從三十歲起，即在巴勒斯坦一帶的民眾中宣傳上帝的旨意（福音）。他勸告窮苦的人們，要忍受現世的種種苦難，若能忍受現實世界的一切苦難並能安分守己，在他死後就會升入天堂享福。而有錢人和剝削別人的人是不可能進入天堂的。據說耶穌在傳教的同時，還為人驅魔治病，顯示了種種神通和奇蹟。比如，可以使瞎人復明、使跛子行走、死人復活等。

耶穌所傳的教義受到了廣大下層貧苦群眾的歡迎和擁護，卻引起了羅馬統治階級和舊派猶太教祭司的恐慌和仇視。羅馬統治者派駐猶太的總督彼拉多逮捕了耶穌，並判處他死刑。執行死刑的當天，耶穌被押送到耶路撒冷附近一座山頂上行刑，羅馬士兵把他釘死在了十字架上。在他臨死的時候，耶穌失望的說道：「我的上帝！我的上帝！你為什麼拋棄我？」

耶穌被釘死了，但廣大的信徒都不相信他的死。有人說，耶穌在死後的第三天復活並升上了天堂，於是這種說法一傳十，十傳百，這種帶有神祕色彩的傳說使得死去的耶穌比他活著的時候得到了更多的敬仰和信奉。儘管統治階級後來又採取了一系列的壓迫手段，基督教卻依然在貧苦大眾中繼續傳播。

我們要看到，在基督教所宣揚的教義中，有些思想也是受統治階級歡迎的。比如，它教導信徒要忍受現實中的苦難，服從上天的安排，安分守己，不要鬥爭和反抗。這種說教一旦被統治階級所利用，就可以幫助他們欺騙和麻痺人民，而鞏固和加強他們的統治。因此，到了西元一世紀末，統治者和剝削階級內部的許多人，此外還有商人、手工業主和小土地所有者等，都不斷有人加入各地的基督教社團。

羅馬帝國的末期，社會長期出於混亂狀態，連統治階級和社會的上層人物也對現實的生活也失去了信心，他們放任自流、思想頹廢。精神上的虛無使得他們開始尋找新的寄託，於是他們當中有不少人開始信奉基督教，甚至有一部分人拿出自己的財富捐獻給教會。隨著教會吸收的剝削階級和上層人物增多，基督教教會本身的性質也逐漸發生了變化。從最初為貧苦大眾的要求和願望而產生的宗教信仰，現在開始滲入統治階級的思想意識；原來主張的人人平等、互相幫助的教會，這時也出現了森嚴的等級制度。

基督教在經過這種轉變以後，它和奴隸主國家的關係也隨之有了新的變化。君士坦丁是羅馬皇帝中最先看到教會可以為他利用的一個君王，他帶頭成了基督教的信徒，並在西元三一三年頒布了一道敕令，從而承認了基督教在羅馬的合法地位，他還下令發還被沒收的教會財產。從此，基督教的影響就更大了。

新知博覽——門神雅努斯

門神雅努斯是古羅馬最古老的神之一。據傳說，雅努斯最初是掌管太陽和光明的神，他守護著天門，透過天門的開啟帶給大地光明，從而讓世界有了季節、月、日的更迭。後來，他在羅馬人的心中又演變成為守衛一切門戶、通道的門神和象徵萬物之始的神。

因為他是門神，所以在各種建築物的拱門、通道等地方都可以看到他的雕像。作為象徵萬物之始的神，傳說人類也由他創造，他還開鑿了山泉、河道並教會人們造船、航海。雅努斯還被認為是義大利最早的統治者。人們在開始安排大的活動前，常常要向他先行祈禱；而在向眾神禱告時，也總是把他的名字安排在開始。

西元前一世紀，凱撒大帝改革羅馬曆法，作為一年開始的一月就用雅努斯的名字命名，新選舉的執政官員們也在新年的第一天就職。在羅馬的廣場上，還專門建有雅努斯神殿，遇有戰事時便大開廟門，由雅努斯神庇護將士們出征；戰爭結束，廟門重新關閉，象徵和平的狀態。

饒有深意的是，雅努斯的雕像常有兩張面孔，分別朝向兩個相反的方向，它的意思是一副面向過去，一副面向未來。象徵雅努斯神的物件是鑰匙和長杖。

羅馬不但有門神，也有播種神，古老的薩圖恩努斯神便是羅馬神話中的播種神，祂在很久以前就與希臘神話中的克洛諾斯混同了。據說，薩圖恩努斯神在被至高無上的宙斯推翻後，在義大利的拉丁地區受到了雅努斯的熱情接待。當時統治義大利的雅努斯讓他參與治理國家，因此古代義大利又被稱作「薩圖爾尼亞」。薩圖恩努斯還教義大利人從事農業，種植葡萄和其他果木。在他的治理下，義大利大地出現了「黃金時代」。

在羅馬卡比托利歐的山麓上，設有薩圖恩努斯的祭壇，據說是在他離開義大利後雅努斯為他建立的。羅馬的薩圖恩努斯廟也是傳統中，國庫的所在地。

此外，為了紀念薩圖恩努斯，羅馬人在每年的十二月十七至二十一日還會舉行薩圖恩努斯節，在帝國時期還延長至七天。在節日期間全國停止一切工作，此時的節慶也具有狂歡色彩，奴隸可以和主人同席共飲，自由交談，這都是為了體現「黃金時代」的平等精神。

歐洲的文藝復興

文藝復興，是指十四到十六世紀在歐洲興起的一場思想文化運動，它揭開了現代歐洲歷史的序幕，被認為是中古和近代的分界。

通常認為，文藝復興應該發源於十四世紀的義大利，此後才逐漸擴展到西歐各等國，在十六世紀達到鼎盛。西元一五五〇年，瓦薩里在其《藝苑名人傳》中，正式使用「文藝復興」一詞作為新文化的名稱。十九世紀，西方史學界進一步把它作為十四到十六世紀西歐文化的總稱。西方史學界曾認為，它是古希臘、羅馬帝國文化藝術的復興。

文藝復興的興起

十四世紀初期，隨著工廠手工業和商品經濟的逐漸發展，資本主義關係已在歐洲封建制度內部產生了萌芽。政治上的封建割據已經引起普遍的不滿，歐洲各國的民族意識開始覺醒，人民大眾也表現出要求民族統一的強烈願望；在文化藝術上，也開始出現反映新興資本家利益要求的新思潮。新興資產階級認為，中世紀的文化是落後的、是一種倒退，而希臘、羅馬古典文化則是理想的典範，他們力圖復興古典文化——而所謂的「復興」，其實就是一次對知識和精神空前的解放與創造。

當時的義大利還處於眾多城市各自為政的狀態，各城市基本上是一個獨立或半獨立的國家。到十四世紀後，這些城市才逐漸從共和制走向獨裁。這些獨裁者們都耽於享樂，信奉新柏拉圖主義，希望能夠擺脫宗教禁慾主義的束縛，他們大力保護藝術家對世俗生活的描繪。與此同時，聖方濟各會的宗教激進派也力主擯棄正統宗教的經院哲學，歌頌自然的美和人的內在精神價值。與此同時，羅馬教廷也在不斷走向腐敗，教皇的享樂行為比社會上的獨裁者更加嚴重，而且他們也傾向於保護藝術家，允許藝術偏離正統的宗教教條；哲學、科學的發展氣氛也都在逐漸走向寬鬆。這些變化都醞釀著宗教改革的前奏。

文藝復興運動起源於義大利北部，通常認為這場運動的第一個代表人物是但丁，代表作為但丁的《神曲》。他的作品首先以含蓄的筆法批評和揭露了中世紀宗教統治的腐敗和黑暗，他以地方方言創作，而摒棄了作為中世紀歐洲正式文學語言的拉丁文。

在這一時期，文藝復興的另一個重要代表人物是佩脫拉克。他認為，古希臘、羅馬時代是人性最完善、最理想的時代，而中世紀壓制人性的禁慾行為是違背自然的。他雖然對拉丁文學有深入廣泛的研究，但卻有意用義大利方言寫了大量的以十四行詩式的抒情詩歌，這些詩歌受到了各城市國家統治者的熱烈歡迎。

文藝復興還有另一個重要的動因。西元一四五三年鄂圖曼土耳其帝國攻陷君士坦丁堡，東羅馬帝國滅亡，大批受到東方文化影響、還保留古羅馬帝國精神的人才逃往義大利，他們帶回了許多新鮮的思想和藝術，在羅馬開辦教希臘語的學校，這種力量也促進了文藝復興運動的形成。

文藝復興的作品思想

文藝復興時期的作品，在思想表現上大都以人文主義為主：主張個性解放，反對中世紀的禁慾主義和宗教觀；提倡科學文化，反對蒙昧主義，擺脫教會對人們思想的束縛；

提倡人權，反對神權，擯棄作為神學和經院哲學基礎的一切權威和傳統教條；維護中央集權，反對封建割據。這些都是人文主義思想的具體表現。

這一時期的代表作品，除了上面提到的《神曲》，還有薄伽丘的《十日談》、馬基維利的《君王論》以及拉伯雷的《巨人傳》等。

另外，不同領域中的文藝復興，在內容上也有著不同的體現。

在天文學方面，波蘭天文學家哥白尼於西元一五四三年發表了《天體運行論》，提出了與托勒密的地心說體系不同的日心說體系；義大利思想家布魯諾也在《論無限性、宇宙和諸世界》、《論原因、本原和統一》等書中宣稱，宇宙在空間和時間上都是無始無終的，太陽只是太陽系而非整個宇宙的中心；伽利略在一六〇九年發明了天文望遠鏡，又於一六三二年出版了《關於托勒密和哥白尼兩大世界體系的對話》；德國天文學家克卜勒透過對他的老師第谷所作觀測資料的研究，在一六〇九年的《新天文學》和一六一九年的《世界的諧和》中提出了行星運動的三大定律，判定行星繞太陽運轉是沿著橢圓形軌道進行的，並且這種運動是不等速的。

在數學方面，義大利人卡爾達諾透過《大術》一書發表了三次方程式的求根公式；另據《大術》記載他，的學生費拉里還進一步發明了四次方程式的解法；邦貝利在他的著作中闡述了三次方程式不可約的情形，並使用了虛數，還改進了當時流行的代數符號；十六世紀的法國數學家韋達確立了代數，在他於西元五九一年出版的《分析方法入門》中，系統的整理了代數，書中第一次使用字母來表示未知數和已知數；韋達的另一重要發現是我們所稱的「韋達定理」，改進了三、四次方程式的解法，建立了二次和三次方程式根與係數之間的關係；三角學在文藝復興時期也獲得了較大的發展，德國數學家雷格蒙塔努斯的《論各種三角形》是歐洲第一部獨立於天文學之外的純粹的三角學著作；三角學中的三角函數得到了哥白尼的學生雷蒂庫斯的重新定義，並在此基礎上製作了更多精密的三角函數表。

在物理學方面，伽利略是這一時期作為傑出的物理學家，他透過多次實驗發現了關於落體、拋物體和振擺的三大定律，從而使人們對宇宙有了新的認識；他的學生托里切利經過實驗證明了氣壓並發明了水銀柱氣壓計；法國科學家帕斯卡發現了液體和氣體中壓力的傳播定律；英國科學家波以耳發現了關於氣體壓力的定律。

在生理學和醫學方面，比利時醫生維薩里發表了《人體結構》一書，從而挑戰了蓋倫的「三位一體」學；西班牙醫生塞爾韋特發現了血液小循環系統，證明了血液從右心室流向肺部，再透過曲折路線到達左心室；近代生理學的鼻祖、英國解剖學家哈維也在血液運動方面取得了巨大成就，他透過大量的動物解剖實驗，發表了《心血運動論》等一系列論著，系統闡釋了血液運動的規律和心臟的工作原理。

在文學創作方面，各地作家掀起了用方言創作的潮流，語言的通俗化帶動了大眾文學，文學的通俗化和大眾化使各種不同的方言注入大量文學作品，包括小說、詩歌、散文、民謠和戲劇等。

歐洲不同國家的文藝復興熱

在義大利，文藝復興前期還出現了被譽為「文壇三傑」的但丁、佩脫拉克和薄伽丘。但丁寫了許多學術著作和詩歌，其中最著名的是詩歌《新生》和《神曲》；被譽為「人文主義之父」的佩脫拉克，他第一個發出了復興希臘、羅馬古典文化的號召，提出了以「人學」反對「神學」的口號，他的主要代表作是抒情詩十四行詩集《歌集》；薄伽丘是義大利民族文學的奠基者，他的代表作是短篇小說集《十日談》。

在法國，文藝復興運動形成了兩個派別，即以「七星詩社」為代表的貴族派和以文學巨匠拉伯雷為代表的民主派。「七星詩社」以龍沙和杜貝萊為代表人物，他們在語言和詩歌理論方面做出了突出的貢獻。是他們最早提出統一民族語言的主張，這促進了法國民族語言和民族文學的發展。然而，代表貴族利益的他們排斥民間詩歌，只為少數貴族服務。拉伯雷是文藝復興運動中繼薄伽丘之後最為傑出的人文主義作家，他耗時二十年創作了長篇小說《巨人傳》，這是一部交織著現實與幻想的現實主義作品，在歐洲文學史上占有重要地位。

英國文藝復興的代表人物有湯瑪斯．摩爾和莎士比亞。摩爾是著名的人文主義思想家，也是空想社會主義的奠基人。他於一五一六年用拉丁文寫成的《烏托邦》，是第一部空想社會主義作品。可以說，莎士比亞屬於一個天才式的劇作家和詩人，他與荷馬、但丁、歌德一起被合譽為歐洲劃時代的四大作家。他的作品構思巧妙，情節生動，語言凝鍊而豐富，人物形象突出，集中代表了歐洲文藝復興時期文學方面達到的最高成就，對歐洲現實主義文學產生了極其深遠的影響。

在西班牙，文藝復興最傑出的代表人物是賽凡提斯和維加。賽凡提斯屬於現實主義作家，兼戲劇家和詩人。他一生創作了大量的詩歌、戲劇和小說，廣為人知的長篇諷刺性小說《唐吉訶德》是他最著名的作品，在歐洲文學史上占有重要地位。維加是戲劇家、小說家和詩人，為西班牙民族戲劇的奠基人，被譽為「西班牙戲劇之父」。他是一位極為多產的作家，一生共創作了兩千多個劇本，留傳至今的就有六百多個，他的戲劇題材多樣，有宗教劇、歷史劇、神話劇、牧歌劇等多種形式，深刻反映了西班牙的社會現實的方方面面，深受廣大群眾的喜愛。他最傑出的代表作是《羊泉村》。

文藝復興的重要意義

在很長一段時間內，文藝復興都被認為是簡單恢復古典文化的運動。事實上，文藝復興並不是真正要「恢復」被遺忘了古典文化，而是透過這種方式來抨擊當時的文化和制度，以建立新的文化，為建立新的社會制度體系製造輿論和思想基礎。

確切來說，文藝復興是一個漸進式的發展階段，它沒有明確的分界線和事件。文藝復興確實使當時的人們在思想上發生了很大的變化，從而導致了宗教改革和激烈的宗教戰爭。歐洲歷史上的啟蒙運動，即是以文藝復興運動為典範的。十九世紀的歷史學家還認為，後來一系列的大事件如科學發明、地理大發現、民族國家的誕生等等，都與文藝復興時的思想革命密不可分。可以說，文藝復興是黑暗的中世紀與近代之間的分水嶺，是資產階級革命的輿論先導，也是使歐洲擺脫腐朽的封建宗教束縛、進行全球擴張的一個前奏曲。

延伸閱讀——文藝復興時期的巨匠達文西

無論是在文學藝術領域，還是在自然科學領域，達文西都創造了那個時代的奇蹟，他的眼光與科學見識幾乎都超越了他所處的時代。

在文藝復興初步萌芽的階段，人們盲目接受各種傳統觀念，崇拜古代的權威思想和古典著作。在學習科學知識時，也只是機械性學習如《聖經》一樣的亞里斯多德的理論，思想被文字記載所定格。而達文西與此不同，他極力反對一些哲學家們把過去的教義和言論作為思想基礎，他鼓勵人們向現實取經、向大自然學習，到自然界中尋求知識和真理。他認為，一切知識源自實踐，只有從實踐出發，才能探索科學的奧祕。

達文西提出並掌握了從實踐中學習這種先進的科學方法，並採用這種科學方法去做科學研究，因此在自然科學方面做出了巨大的貢獻。他的這一方法論，後來得到了伽利略的認可，並由英國著名哲學家法蘭西斯．培根進行了理論上的總結，成為研究近代自然科學的最基本方法。

達文西堅信科學理念，反對宗教迷信，稱天主教為「一個販賣欺騙的店鋪」。他曾說過：「真理只有一個，他不是在宗教之中，而是在科學之中。」達文西的實驗工作方法也為後來的哥白尼、伽利略、克卜勒、牛頓等人開闢了研究方法上的新道路。

在天文學上，達文西早就開始質疑傳統的「地球中心說」。他科學的指出，地球不是太陽系的中心，更不是宇宙的中心，而只是一顆繞太陽運轉的普通行星，而太陽本身是不運動的。他還提出，月亮自身是不發光的，只是反射太陽的光輝。他的這些觀點的提出早在哥白尼「太陽中心說」發表之前。

在物理學方面，達文西在前人的基礎上重新發現了液體壓力的概念，提出了連通管原理。他指出：在連通管內，同一液體的液面高度是相同的，而不同液體的液面高度不同，液體液面的高度與密度成反比。他還發現了慣性原理，這後來為伽利略的實驗所證明。他認為，一個拋體最初的運動軌跡是沿傾斜的直線上升，之後在引力和衝力的混合作用下作曲線位移，最後在衝力耗盡時，由引力的作用而作垂直下落運動。他的這一發現嚴重動搖了亞里斯多德的落體學說。他還發展了槓桿原理，除推導出作用力與槓桿長度的關係外，還算出了速度與桿長的關係。他指出了「永動機」說法的不現實性和荒謬性。此外，達文西也意識到了物質的原子原理，他這樣描述原子能的威力：「那東西將從地底下爆起……使人在無聲的氣息中突然死去，城堡也遭到徹底毀壞，看起來在空中似乎有破壞力。」

達文西在生理學上也取得了巨大的成就，被認為是近代生理解剖學的始祖。他從解剖學入手，進而研究了生理學和醫學。他最早用蠟來表現人腦的內部結構，也是設想用玻璃和陶瓷製作心臟和眼睛的第一人。此外，他還發現了血液的功能，認為血液對人體的新陳代謝起著至關重要的作用。他說，血液不斷改造全身，把營養帶到身體需要的各個部分，再把體內廢物帶走。透過研究心臟，他還發現心臟有四個腔，並畫出了心臟瓣膜。後來，英國的威廉．哈維進一步證實和發展了達文西的這些說法。

電子書購買

爽讀 APP

國家圖書館出版品預行編目資料

與古代世界的對話，全球文明互動史：從亞洲到美洲、從古埃及到羅馬帝國，追尋人類文明的足跡 / 陳深名 著 . -- 第一版 . -- 臺北市：崧燁文化事業有限公司, 2024.02
面；　公分
POD 版
ISBN 978-626-394-025-3(平裝)
1.CST: 文明史 2.CST: 古代史
713.1　　113001108

與古代世界的對話，全球文明互動史：從亞洲到美洲、從古埃及到羅馬帝國，追尋人類文明的足跡

臉書

作　　者：陳深名
發 行 人：黃振庭
出 版 者：崧燁文化事業有限公司
發 行 者：崧燁文化事業有限公司
E-mail：sonbookservice@gmail.com
粉 絲 頁：https://www.facebook.com/sonbookss/
網　　址：https://sonbook.net/
地　　址：台北市中正區重慶南路一段六十一號八樓 815 室
Rm. 815, 8F., No.61, Sec. 1, Chongqing S. Rd., Zhongzheng Dist., Taipei City 100, Taiwan
電　　話：(02) 2370-3310　　**傳　　真**：(02) 2388-1990
印　　刷：京峯數位服務有限公司
律師顧問：廣華律師事務所 張珮琦律師

定　　價：399 元
發行日期：2024 年 02 月第一版
◎本書以 POD 印製